保育・教育のための

実践事例で理解する「表現」

―幼児期の終わりまでに育って欲しい10の姿―

梅澤　実・森本昭宏［編著］

創 成 社

はじめに

　本書は，保育士や幼稚園教諭，あるいは小学校教諭などを目指す学生のために，広い視野に立ち，多様な教科の学びを統合して，現場に立つ際の「道しるべ」となるようにという思いから作成をしたものです。執筆したメンバーは，「0〜12歳の子ども」あるいは「その子どもを預かる保育士や教師」を対象に研究をしています。そして，保育者養成の講義を担当している教員たちです。日頃から，幼小の違いなどを話題にすることがありました。そのような中，令和の年になる頃から，学生が「学んだことを再構築して自身の知にしていくにはどうすべきか」ということが議論となり，それをもとに本書の作成に至りました。

　本書の特徴は，タイトルにあるように，第4章と第5章の実践編にあります。

　多くの学生が保育実習や教育実習に出向いて，はたと困ることの多くが自分自身の「表現の領域」のレパートリーの少なさです。そのような場面で，役立つことができそうなテーマを実践編として本書では解説したことです。「造形表現」「身体表現」「音楽表現」と「他の領域との関連を深めた表現」という各分野での実践例や，そのためのヒントとなる10の姿と関わらせながら解説をしました。とりわけ，実習中にも参照してもらえるようにも配慮をしました。また，現職の若手の保育者や先生にも役立つものと自負しているところです。

　しかし，単なる実践書のみを目指した訳ではありません。保育者や幼稚園教諭を目指す学生たちの学びの道しるべとして，基礎的な知識を習得するためのベースを示したのが，第1章〜第3章までの理論編です。

　各資格を修得するために，多くの科目を履修することが必要ですが，時として，その科目の一単元のその箇所しか目に入らず，カリキュラム全体の構造や何のために学んでいるのかというねらいが見えなくなっている学生が見受けられます。そのような場合の拠り所（ベース）となる考え方の枠組みを，提示することにしました。各科目での学びの基礎を統合的に解説しました。それが，第1章です。

　続いて，第2章では，平成29年に示された「幼児期の終わりまでに育って欲しい10の姿」や各領域等を，子どもの発達と共に関連付けながら解説することを試みました。一方，特別な配慮を要する子ども達が必ずというほど，各クラスには在籍して

いるという現実があります。時には，保育者自身の思いとは裏腹の対応を取ってしまい，悩んでいるという現実もよく耳にします。このような事態に対応できるようなヒントとなる解説を加えることにしました。

　もう1つの特徴があります。それは，保育所や幼稚園を巣立った子ども達は小学校に入学しますが，養成段階で保育士や幼稚園教諭の資格を得るだけの学修では，小学校での子どもの学びの様子がわかりません。隣接する校種での連続性について，本書では，言語と環境という視点から，読み聞かせや文字指導，生活科への連続性やメディアとの付き合いという話題を取りあげ，小学校へ子どもを送り出す立場からの視点を持って欲しいという思いから，第3章を設定しました。

　このように，保育士や幼稚園教諭を目指す学生の拠り所（ベース）になって欲しいと願う知識と，具体的な実践場面でのアイディアを凝縮する形で本書を編集してありますので，資格修得を目指す学びのネットワークの要<ruby>要<rt>かなめ</rt></ruby>として活用して欲しいと願っています。

浦野　弘

本書を読む際に参照して欲しい重要な参考資料

　108頁以降には，「小学校学習指導要領」における生活科や音楽，図画工作，体育の箇所，「幼稚園教育要領」や「保育所保育指針」，「幼保連携型認定こども園教育・保育要領」における表現に関わる箇所の抜粋を掲載しました。

　各要領は，関係省庁のホームページに掲載されたり，出版されたりしています。また，小学校学習指導要領では，総則や各教科・総合的な学習の時間等ごとに個別の「解説編」もあります。幼稚園等では「要領解説」や「指針解説」という解説があります。それらも，参照しながら本書を読んでもらえると，より理解を深めることができると思います。

目　次

第 1 章

幼児教育／保育の構造

∙∙

　本章では，日々の保育の中でつい忘れてしまいがちな幼児教育/保育の構造を見直していきます。第 1 節では，表現を中心にした５領域のねらいや内容と，幼稚園教育要領，保育所保育指針，幼保連携型認定こども園教育・保育要領等の法令について紹介します。第 2 節では，幼児期の終わりまでに育って欲しい10の姿や，育みたい資質・能力について，非認知能力への理解を軸に関連性を捉えていきます。第 3 節では，５領域の関連をみながら具体的なカリキュラム編成の手続きや留意点を示すとともに，保育の対象としての各年齢の子どもの発達について確認します。

第1節 保育内容の領域を統合的に考える
――保・幼・小の連携から保育内容をとらえる――

クリスマスに良く歌う「赤鼻のトナカイ」の歌詞で「真っ赤なお鼻のトナカイさんは〜暗い夜道はピカピカの〜」の「暗い夜道は」を「暗いよ，道は」と思っていたという学生が何人もいました。保育者が子ども達に歌詞を正しく伝え，表現力豊かに歌ったか否かで，大人になるまで歌詞の意味を正しく理解せずに歌っていたようです。

「どんぐりころころどんぶりこ」これを「どんぐりころころどんぐりこ」と無意識に歌っていた学生も多いのです。歌詞からどんぐりの状況を想像してみたことがあったでしょうか？　実は池に落ちておうちにもどれないかわいそうなどんぐりさんなのです。助けてあげるためにはどうしたいかを子ども達で話し合えば，「表現」が「人間関係」や「環境」の領域と関わったものになります。

「大きな古時計」も，幼稚園，保育所にて元気で大きな声で歌うよう指導されると，子ども達は始めの言葉を強く頑張って歌い「ⓞおきなⓝっぽのⓕるどけⓘいおじⓘさんⓝのとけい」と歌い「いいおじいさん」が歌詞に出てきます。弱起の拍子感と歌詞を意識すれば，この曲は悲しいしっとりと歌う曲なのです。イメージをもってきれいに歌うためには，基礎的な音楽の表現技能だけでなく，「言葉」と関連した指導が大切になってきます。

２年生の必修教材「虫の声」も秋の歌だということでただ歌い，覚えていませんか？何種類の虫が出てきて，どのような声で鳴いているのでしょうか。５種類の虫が登場することも気付かずなんとなく歌い，笠井の調査[(1)]（2018）ではほとんどの学生が歌詞の中のウマオイが虫であることや，その実物も鳴き方も知りませんでした。虫の鳴き声の美しさと不思議さに気づき，聴き入り，鳴き声の違いでこの鳴き声は何の虫かわかるとすばらしいですね。これは５領域の「環境」に関わることです。また，わからなければ調べるといった指導が日常行われるなら，幼児教育で育みたい資質・能力の「学びに向かう力」への活動となり得るでしょう。

---

(1) 笠井かほる『教員養成における歌唱教材の指導についての一考察―「虫の声」から―』埼玉学園大学紀要・人間学部編，第18号，2018

子ども達も，スマホやタブレットなどをみる時間が生活の中で増えている昨今，人工的な画像やゲームに時間を取られすぎていないでしょうか。道を歩いていても空の色が変わり，季節の花が咲き，虫が鳴いているのも気づかず，その色や音色に気づき，美しいと感じる感性も乏しくなり，何の花か，何の虫か知りたいと疑問を持つといったことが欠けていくことに危惧を感じます。

　保育者もまた，季節の歌だから，楽しい曲だから，行事の歌だからと安易に取り上げ，元気に歌い，曲をたくさん覚えることで満足していませんか。1曲を教える中にも，保育者が広い視野に立ち，5領域を念頭に置いた指導を統合的に考えることがとても大切なのではないでしょうか。幼児の時こそ育つ五感なのです。幼児期における保育者のちょっとした指導の配慮で子ども達の感性が変わってくるのです。その大切さが5領域でのねらいとして挙がっています。

1　「保育所保育指針」「幼稚園教育要領」「幼保連携型認定こども園教育・保育要領」「小学校学習指導要領」のねらいと内容について

　保育における一つ一つの活動は，単に子どもと楽しみ，遊んでいるだけではなく，保育者がその活動において「何を伝えたいか」「何を育てたいか」を念頭に置き，その活動をどのように展開をするという計画でなければなりません。それが「ねらい」「内容」となります。「ねらい」は育てたい能力で，それを達成するために具体的にどのように指導するかを示したものが「内容」です。

　子ども達にどう育ってほしいのか，どのような保育をすべきかが詳細に解説されているものが，保育所では「保育所保育指針」，幼稚園では「幼稚園教育要領」，認定こども園では「幼保連携型認定こども園教育・保育要領」です。

　保育所は養護と保育，幼児教育を一体的に行う所で，保育所保育指針にて，0歳児からの乳児，1歳以上3歳未満，3歳以上の3段階で，それぞれねらい及び内容が（1歳以上からは5領域で）示されています。

　幼稚園は3歳以上を対象とした保育・幼児教育を行う所で，幼稚園教育要領にて，ねらい及び内容が5領域ごとに示されています。

　保育所と幼稚園を兼ね備えた認定こども園では1歳以上3歳未満時に関わるねらい及び内容は保育所と同様5領域で示され，3歳以上のねらい及び内容は幼稚園を含めた修学前施設三園とも同一のものが示されています。さらにこの時期に育みたい資質・能力として3点，「幼児期の終わりまでに育って欲しい姿」の10項目が以下のように示され，小学就学時の具体的な姿として教師が指導の際，考慮すべきこととして挙げ

られています。また，資質，能力は小学校と共通の３つの視点でも示され，その基礎となるように記述されています。

＊３つの資質・能力とは
① 豊かな体験を通じて，感じたり，気付いたり，分かったり，できるようになったりする「知識及び技能の基礎」
② 気付いたことや，できるようになったことなどを使い，考えたり，試したり，工夫したり，表現したりする「思考力，判断力，表現力等の基礎」
③ 心情，意欲，態度が育つ中で，よりよい生活を営もうとする「学びに向かう力，人間性等」
＊「幼児期の終わりまでに育って欲しい姿」とは
１健康な心と体　２自立心　３協同性　４道徳性・規範意識の芽生え　５社会生活との関わり　６思考力の芽生え　７自然との関わり・生命尊重　８数量・図形，文字等への関心・感覚　９言葉による伝え合い　10豊かな感性と表現　です。
　以上の幼児教育を踏まえた上で，小学校では「小学校学習指導要領」にて教科ごとに「目標」が掲げられ，さらに１，２年生，３，４年生，５，６年生と２学年単位で各教科の「目標」「内容」が示されています。

２　領域「表現」でのねらいと内容

　５領域の中の「表現」では「感じたことや考えたことを自分なりに表現することを通して，豊かな感性や表現する力を養い，創造性を豊かにする」ことを目標に
・　いろいろなものの美しさなどにたいする豊かな感性をもつこと
・　感じたことや考えたことを自分なりに表現して楽しむこと
・　生活の中でイメージを豊かにし，様々な表現を楽しむこと
をねらいとしています。ここで大切なことは，技術や知識の向上を求めることがねらいではないということです。「表現」とは，子ども達の内面を音楽・造形・身体表現・言葉などの手段で表現する，内なるものを外に出す，伝えることであり，それらは個々に指導が行われるのではなく複合的に行われるべきで，５領域に精通した柔軟な感性と指導技術が保育者に求められます。

３　５領域を総合的に考えた柔軟な指導の大切さ

　「表現」で大切なことは目先の活動の出来不出来でなく，また単独の活動で日々終

わるのでなく，一つ一つの小さな活動に対し5領域を総合的に関連づけて活動することです。どのように育って欲しいか，すなわち表現することが楽しさとなり，それが生活の中に根付き，自己表現が自由に引き出せるような指導を行うには，保育者自身が豊かな表現力，感受性，柔軟な発想力を持つ良きお手本にならなければなりません。

　子ども達の生活の中で，5領域を縦横無尽にとらえる保育者の感性，発想力により保育内容がより深く変わっていくはずです。

　教科ごとに内容がまとめられている小学校指導要領でも「音楽」は，各領域や分野の関連を図り，特に低学年では他教科との関連を積極的に図り指導効果を高めるよう書かれています。

　子ども達は園の生活の中の活動を通し，それぞれの領域の発達を同時に絡ませながら成長していきます。このように「領域」は，保育現場でそれぞれが別々に「ねらい」「内容」と考えるのでなく，相互に絡んで育っていくための総体と捉えるべきで，保育者は5領域を個々の活動といった認識でなく，広い見方で子どもの発達を促す活動として意識的に組みこむことが大切です。指導には年齢別の縦軸の指導内容を基盤に，各領域に広がる横軸への広がりが求められるのです。そのためには，発想が豊かで，気づきの多い豊かな感性が保育者自身に求められていると言えるでしょう。

　後述の「領域を超えた指導法」の例を参考にしてください。

第2節　幼児期の終わりまでに育って欲しい10の姿

　この節では幼児教育のカリキュラムや活動を組み立てる上での基礎となる構造を解説します。5領域，育みたい資質・能力としての3つの柱，そして幼児期の終わりまでに育って欲しい10の姿それぞれの内容を示すとともに，それぞれがどう関連しているのかを検討することで，保育の質的向上にむけた手がかりを探ります。

1　幼児教育における5-3-10

　保育における5領域は，保育を学び始めて最初に学ぶ専門用語の1つであり，皆さんにはすでに馴染み深いものになっているかもしれません。第1節で述べられているように「領域」ははっきりと区切られたものではなく，幼児教育における1つの活動は，多くの場合，複数の領域にまたがったねらいや内容を持っています。一方で小学校の「教科」では，1つの授業の中に，例えば「算数」の授業に「国語」の要素が入

ることはまれであり，あくまでその授業の「教科」の内容が主体になります。なぜ同じ教育であっても「教科」と「領域」が違う振る舞いをするのか，それを考えることが保育所保育指針にうたわれている「幼児期の終わりまでに育って欲しい10の姿」を理解する上で重要な手がかりになります。

　まずは幼児教育における「領域」が変化してきたことに着目してみましょう。現在の「5領域」は1990年の保育指針改訂からのもので，それ以前の幼児教育では「健康，社会，自然，言語，音楽リズム，絵画製作」の「6領域」が設定されていました。みなさんには「音楽リズム」や「絵画制作」は，このテキストのタイトルにもある「表現」よりも活動内容を直接的に表したわかりやすい領域に思えるかもしれません。しかし「表現」は「音楽リズム」と「絵画制作」を1つにまとめただけのものではなく，保育現場においてもこの誤解がしばしば保育の質を向上させる妨げにもなってきました。

　例えば5歳児クラスの生活発表会で，一糸乱れぬ鍵盤ハーモニカ演奏をすることは，「音楽リズム」の領域の中での経験としてはあり得ること，あるいは推奨されることですらあったのかもしれません。しかし，現行の保育所保育指針を学んできた皆さんは，時に違和感を覚えることもあるのではないでしょうか。「本当に子どもがやりたいと思い，楽しんで練習できてきたのだろうか？」，「発表会の達成感は，それまでの練習の過程にあったストレスを帳消しにするようなものなのだろうか？」，「これでもう終わった，鍵盤ハーモニカはもう見たくないという表情の子どもがいたらつらいな」といった疑問や不安です。「表現」の領域のねらいは「上手な絵を描くこと」や「上手な演奏をすること」ではなく，"感じたことや考えたことを自分なりに表現することを通して，豊かな感性や表現する力を養い，創造性を豊かにする"ことです（保育所保育指針，第2章　保育内容2－（2）オおよび3－（2）オ）。現在の幼児教育においてすべての領域に通底してあるのは，環境との相互作用の中で遊びを通して主体的に楽しむことの大切さであり，初等教育以降の教科教育に傾向として見られるような領域の知識・技能を高めることではありません。「初等教育」の英語表記が"Primary education"であることは良く知られていますが，みなさんは「幼児教育」の英語表記としてどのようなものが思い浮かぶでしょうか。Google翻訳では"Preschool education"と出ますし，"Infant education"と書かれた文献を読んだ人もいるかもしれません。しかしOECDをはじめとした多くの国際的な機関では"ECEC：Early Childhood Education and Care"の語が用いられ，国内外の幼児教育分野の論文でも採用されています。就学前教育において世界的に認知されている特長は，

教育（Education）と養護（Care）の一体性であり，そうであるがゆえに間接的にせよ成績等で定量的に成果を表すことができる知識・技能の向上やそのための経験・活動のみを幼児教育のねらいや内容とすることはできません。

　それでは「領域」と「教科」は乖離した別のものなのでしょうか。人間の発達がシームレスであるように，教育も段階ごとに断絶があって良いわけではありません。ここで重要になるのが，現行の保育所保育指針，幼稚園教育要領，幼保連携型認定こども園教育・保育要領（以下：3法令）における育みたい資質・能力としての「3つの柱」です。「5領域」のねらいや内容に基づいて活動を組み立てるとして，それらのねらいが積み重なると何につながるのか，それが幼児教育における「3つの柱」です。3つの柱が培われることで幼児教育の成果として実現する子どもの姿の方向性として定められたものが，次の項目で説明する「幼児期の終わりに育って欲しい10の姿」です。

　「5領域」，「3つの柱」，「10の姿」，この5－3－10を意識して活動やカリキュラムを編成し，しっかりした展望のもとに幼児教育を行うことが，これからの保育者に求められる専門性の核になるのです。

育みたい資質・能力としての「3つの柱」
・知識及び技能の基礎
・思考力，判断力，表現力等の基礎
・学びに向き合う力，人間性等

2　非認知能力としての10の姿

　これまで見てきたように，「5領域」を通じて「3つの柱」を培い，幼児教育全体を通じて目指していく方向が「幼児期の終わりまでに育って欲しい10の姿」です。「10の姿」が到達点であり，教育を受ける子ども達すべてに就学前までに見られなければならない姿だと誤解されがちですが，実は決してそういう訳ではありません。保育所保育指針解説書では，「10の姿」を「到達すべき目的ではない」，「全ての子どもに見られるものではない」と説明しています。ご存じのように，子どもの個性と発達段階は千差万別であり，個別の配慮に従って教育する成果もまた同じである訳がありません。さらに皆さんが疑問に思うであろうことは，「10の姿」が取り立てて目新しいものには見えず，今まで幼児教育で大切にされてきた「心情・意欲・態度」とかなり似ているようであるにも関わらず，なぜ今になって大きく取り上げられるようになったのかという点ではないでしょうか。

緩やかな方向性としての「10の姿」が，なぜ今新たなものとして幼児教育に位置づけられているのか，それは近年，世界的に研究・実証されるようになった幼児期の非認知能力育成の重要性によるものです。将来の人生の質を高めることが，必ずしも

幼児期の終わりまでに育って欲しい10の姿

健康な心と体	健康な心と体を育て，幼稚園生活の中で充実感や満足感を持って自分のやりたいことに向かって心と体を十分に働かせながら取り組み，見通しを持って自ら健康で安全な生活を作り出していけるようになる。
自立心	身近な環境に主体的に関わりいろいろな活動や遊びを生み出す中で，自分の力で行うために思い巡らしなどして，自分でしなければならないことを自覚して行い，諦めずにやり遂げることで満足感や達成感を味わいながら，自信を持って行動するようになる。
協同性	友達との関わりを通して，互いの思いや考えなどを共有し，それらの実現に向けて，工夫したり，協力したりする充実感を味わいながらやり遂げるようになる。
道徳性・規範意識の芽生え	してよいことや悪いことが分かり，相手の立場に立って行動するようになり，自分の気持ちを調整し，友達と折り合いを付けながら，決まりを守る必要性が分かり，決まりを作ったり守ったりするようになる。
社会生活との関わり	家族を大切にしようとする気持ちを持ちつつ，いろいろな人と関わりながら，自分が役に立つ喜びを感じ，地域に一層の親しみを持つようになる。遊びや生活に必要な情報を取り入れ，情報を適切に伝え合ったり，活用したり，情報に基づき判断しようとしたりして，情報を取捨選択などして役立てながら活動するようになるとともに，公共の施設を大切に利用したりなどして，社会とのつながりの意識等が芽生えるようになる。
思考力の芽生え	身近な事象に積極的に関わり，物の性質や仕組み等を感じ取ったり気付いたりする中で，思い巡らし予想したり，工夫したりなど多様な関わりを楽しむようになるとともに，友達などの様々な考えに触れる中で，自ら判断しようとしたり考え直したりなどして，新しい考えを生み出す喜びを感じながら，自分の考えをよりよいものにするようになる。
自然との関わり・生命尊重	自然に触れて感動する体験を通して，自然の変化などを感じ取り，身近な事象への関心が高まりつつ，好奇心や探究心を持って思い巡らし言葉などで表しながら，自然への愛情や畏敬の念を持つようになる。身近な動植物を命あるものとして心を動かし，親しみを持って接し，いたわり大切にする気持ちを持つようになる。
数量・図形，文字等への関心・感覚	遊びや生活の中で，数量などに親しむ体験を重ねたり，標識や文字の役割に気付いたりして，必要感からこれらを活用するようになり，数量・図形，文字等への関心・感覚が一層高まるようになる。
言葉による伝え合い	言葉を通して先生や友達と心を通わせ，絵本や物語などに親しみながら，豊かな言葉や表現を身に付けるとともに，思い巡らしたりしたことなどを言葉で表現することを通して，言葉による表現を楽しむようになる。
豊かな感性と表現	みずみずしい感性を基に，生活の中で心動かす出来事に触れ，感じたことや思い巡らしたことを自分で表現したり，友達同士で表現する過程を楽しんだりして，表現する意欲が高まるようになる。

IQをはじめとした認知能力の高さに依存する訳ではないことは，容易に想像できることと思います。IQを高めることはもちろん幼児教育においても大切ですが，忍耐強さ，思いやり，好奇心，自己抑制力，道徳的規範等の非認知能力が欠けていては，良い人生を歩めるでしょうか。非認知能力についての実証研究として最も有名なものの1つが，ノーベル経済学賞を受賞したシカゴ大学のジェームズ・J・ヘックマン（James Josehe Heckman）教授によるペリー就学前計画の結果をまとめた論文です。詳しくは推薦図書に譲りますが，経済的に恵まれない層の幼児に質の高い就学前教育を提供した場合，就学前教育を受けなかった同じ層の子ども達と比べて有意に就学後の学力が向上しました。さらには介入を受けた子どもはそうでない子どもに比べ，高校卒業率や持ち家率，犯罪率等で大きな差が見られたのです。ヘックマン教授の分析では，認知能力の差は就学後に時間経過と共に小さくなっていったため，非認知能力こそが就学前教育の成果として最も重要であることが示されています。

　非認知能力が重要であることに異論はないにせよ，それが具体的にどのようなものであり，どのように評価すれば良いのかは教育をする上で困難な問題です。1990年代以降，非認知能力について盛んに議論され，現代に求められる資質・能力として整理されたモデルが多く提示されてきました。経済開発協力機構（OECD）のプロジェクトであるDeSeCo（Definition Selection of Competencies：コンピテンシーの定義

キー・コンピテンシー

●コンピテンシー・カテゴリー1：相互作用的に道具を用いる（Using Tools Interactively）

1-A：言語，シンボルテキストを相互作用的に用いる能力（The ability to use language, symbols and text interactively）
1-B：知識や情報を相互作用的に用いる能力（The ability to use knowledge and information interactively）
1-C：技術を相互作用的に用いる能力（The ability to use technology interactively）

●コンピテンシー・カテゴリー2：異質な集団で交流する（Interacting in Heterogeneous Groups）

2-A：他人といい関係を作る能力（The ability to relate well to others）
2-B：協力する能力（The ability to cooperate）
2-C：争いを処理し，解決する能力（The ability to manage and resolve conflicts）

●コンピテンシー・カテゴリー3：自律的に活動する（Acting Autonomously）

3-A：大きな展望の中で活動する能力（The ability to act within the big picture）
3-B：人生計画や個人的プログラムを設計し，実行する能力（The ability to form and conduct life plans and personal projects）
3-C：自らの権利，利害，限界やニーズを表明する能力（The ability to assert rights, interests, limits and needs）

出所：OECD, "The Definition and Selection of Key Competencies: Executive Summary", 2005, pp.10-15.

と選択）によって提唱された「キー・コンピテンシー」や，ペンシルベニア大学のアンジェラ・ダックワース教授による「GRIT」等がその代表です。日本においても特に初等教育以降の学習指導要領に採用される「生きる力」の中には，非認知能力への言及が色濃く見られ，その内容は OECD のキー・コンピテンシーが参考にされたことが明言されています（「21世紀を展望した我が国の教育の在り方について」第一次答申，中央教育審議会，1996）。

　非認知能力の養成は，幼児教育の段階で特に効率的に行えるものであることは確かですが，その結果を確認することは困難であり，前述のヘックマン教授の研究プロジェクトにおいても追跡調査の結果を得るまでに40年もの年月を要しています。だからこそ「幼児期の終わりまでに育って欲しい10の姿」が非認知能力における１つの例であり，就学前に達成するためのゴールではないことを保育者は良く理解しておかなくてはなりません。「10の姿」は１つの方向性を示したものであり，日々の保育を行う上で遠くにはためく旗印のようなものです。保育を行う中での援助や配慮，活動の一つ一つが，子どもの成長・発達をより良く促進するものであるとして，その発達の先にあるものが何であるのか，第３節で述べられるカリキュラムを構造化する以前に良く考えておきましょう。

3　３つの柱と初等教育への接続

　『幼稚園教育要領，小・中学校学習指導要領等の改訂のポイント』（平成29-30年改訂学習指導要領解説等，文部科学省）においては，「知・徳・体にわたる「生きる力」を子供たちに育むため，「何のために学ぶのか」という学習の意義を共有しながら，授業の創意工夫や教科書等の教材の改善を引き出していけるよう，全ての教科等を，①知識及び技能，②思考力，判断力，表現力等，③学びに向かう力，人間性等の三つの柱で再整理。」との記述があります。ここでいう３つの柱は，幼児教育における育みたい資質・能力とどこがちがうのでしょうか，「③学びに向かうちから，人間性等」は同一のものであり，残り２つは単に「〜の基礎」が省かれただけのものです。このことからも，幼稚園，保育所，認定こども園での幼児教育が小学校以降の教育へ直接つながるものであることがわかります。遊びを通じた教育が45分の授業を通じた教育に変化することで，就学前後に一定の段差があることは否めないかもしれません。しかし，そこに通底する理念や目標が共通性が高いものであることは明らかです。

　今，皆さんはどのような気持ちでこの文章を読んでいるのでしょうか。またこの本を手に取ったのはどのような目的や動機があったのでしょう。わくわくとまではいか

なくとも興味を持って読んでいる場合もあれば，授業で取り上げられたためにしぶしぶと仕方がなく読んでいる場合もあると思います。決して後者の方が悪いわけではありませんが，同じ「文章を読む」という学習方法においても，前者の方が効果や発展性が高いという仮説は十分に成り立ちそうです。国際教育標準分類上の定義でも，初等教育以降は文字や音声による情報伝達が主となりますが，その効果は取り組み方によって異なるはずです。ましてや近年重視されるアクティブラーニング等では，キー・コンピテンシーにおけるカテゴリー２に定義されるような他者と協同するための力が不可欠です。初等教育の成果をより良いものにするために，就学前教育を充実させ，幼稚園・保育所・認定こども園が小学校としっかりと連携することはとても重要なことなのです。

　具体的な連携方法として，保育実習・教育実習を経験した皆さんはいわゆる「要録」を思いつく方が多いのかもしれません。幼稚園幼児指導要録，保育所児童保育要録，幼保連携型認定こども園園児指導要録は，幼児教育の過程や成果を外部に伝え，その

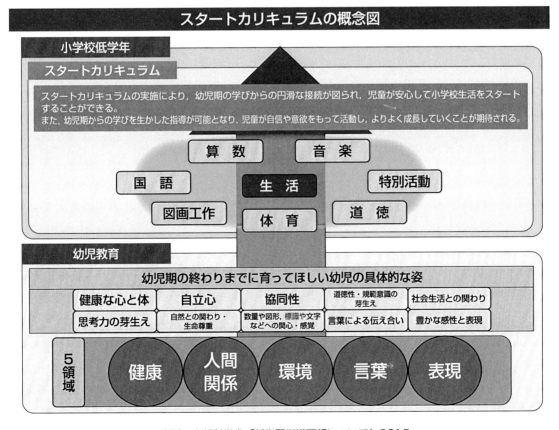

出所：文部科学省『新学習指導要領について』2018

幼稚園幼児指導要録（最終学年の指導に関する記録）

<table>
<tr><td>ふりがな</td><td></td><td rowspan="5">指導の重点等</td><td colspan="2" style="text-align:center">令和　　年度</td></tr>
<tr><td rowspan="2">氏名</td><td></td><td colspan="2">（学年の重点）</td></tr>
<tr><td></td><td colspan="2" rowspan="2"></td></tr>
<tr><td rowspan="2">性別</td><td>平成　　年　　月　　日生</td></tr>
<tr><td></td><td colspan="2">（個人の重点）</td></tr>
</table>

	ねらい（発達を捉える視点）	指導上参考となる事項
健康	明るく伸び伸びと行動し，充実感を味わう。	
	自分の体を十分に動かし，進んで運動しようとする。	
	健康，安全な生活に必要な習慣や態度を身に付け，見通しをもって行動する。	
人間関係	幼稚園生活を楽しみ，自分の力で行動することの充実感を味わう。	
	身近な人と親しみ，関わりを深め，工夫したり，協力したりして一緒に活動する楽しさを味わい，愛情や信頼感をもつ。	
	社会生活における望ましい習慣や態度を身に付ける。	
環境	身近な環境に親しみ，自然と触れ合う中で様々な事象に興味や関心をもつ。	
	身近な環境に自分から関わり，発見を楽しんだり，考えたりし，それを生活に取り入れようとする。	
	身近な事象を見たり，考えたり，扱ったりする中で，物の性質や数量，文字などに対する感覚を豊かにする。	
言葉	自分の気持ちを言葉で表現する楽しさを味わう。	
	人の言葉や話などをよく聞き，自分の経験したことや考えたことを話し，伝え合う喜びを味わう。	
	日常生活に必要な言葉が分かるようになるとともに，絵本や物語などに親しみ，言葉に対する感覚を豊かにし，先生や友達と心を通わせる。	
表現	いろいろなものの美しさなどに対する豊かな感性をもつ。	
	感じたことや考えたことを自分なりに表現して楽しむ。	
	生活の中でイメージを豊かにし，様々な表現を楽しむ。	

<table>
<tr><td rowspan="3">出欠状況</td><td colspan="2" style="text-align:center">年度</td><td rowspan="3">備考</td></tr>
<tr><td>教育日数</td><td></td></tr>
<tr><td>出席日数</td><td></td></tr>
</table>

幼児期の終わりまでに育ってほしい姿

「幼児期の終わりまでに育ってほしい姿」は，幼稚園教育要領第2章に示すねらい及び内容に基づいて，各幼稚園で，幼児期にふさわしい遊びや生活を積み重ねることにより，幼稚園教育において育みたい資質・能力が育まれている幼児の具体的な姿であり，特に5歳児後半に見られるようになる姿である。「幼児期の終わりまでに育ってほしい姿」は，とりわけ幼児の自発的な活動としての遊びを通して，一人一人の発達の特性に応じて，これらの姿が育っていくものであり，全ての幼児に同じように見られるものではないことに留意すること。

健康な心と体	幼稚園生活の中で，充実感をもって自分のやりたいことに向かって心と体を十分に働かせ，見通しをもって行動し，自ら健康で安全な生活をつくり出すようになる。
自立心	身近な環境に主体的に関わり様々な活動を楽しむ中で，しなければならないことを自覚し，自分の力で行うために考えたり，工夫したりしながら，諦めずにやり遂げることで達成感を味わい，自信をもって行動するようになる。
協同性	友達と関わる中で，互いの思いや考えなどを共有し，共通の目的の実現に向けて，考えたり，工夫したり，協力したりし，充実感をもってやり遂げるようになる。
道徳性・規範意識の芽生え	友達と様々な体験を重ねる中で，してよいことや悪いことが分かり，自分の行動を振り返ったり，友達の気持ちに共感したりし，相手の立場に立って行動するようになる。また，きまりを守る必要性が分かり，自分の気持ちを調整し，友達と折り合いを付けながら，きまりをつくったり，守ったりするようになる。
社会生活との関わり	家族を大切にしようとする気持ちをもつとともに，地域の身近な人と触れ合う中で，人との様々な関わり方に気付き，相手の気持ちを考えて関わり，自分が役に立つ喜びを感じ，地域に親しみをもつようになる。また，幼稚園内外の様々な環境に関わる中で，遊びや生活に必要な情報を取り入れ，情報に基づき判断したり，情報を伝え合ったり，活用したりするなど，情報を役立てながら活動するようになるとともに，公共の施設を大切に利用するなどして，社会とのつながりなどを意識するようになる。
思考力の芽生え	身近な事象に積極的に関わる中で，物の性質や仕組みなどを感じ取ったり，気付いたり，考えたり，予想したり，工夫したりするなど，多様な関わりを楽しむようになる。また，友達の様々な考えに触れる中で，自分と異なる考えがあることに気付き，自ら判断したり，考え直したりするなど，新しい考えを生み出す喜びを味わいながら，自分の考えをよりよいものにするようになる。
自然との関わり・生命尊重	自然に触れて感動する体験を通して，自然の変化などを感じ取り，好奇心や探究心をもって考え言葉などで表現しながら，身近な事象への関心が高まるとともに，自然への愛情や畏敬の念をもつようになる。また，身近な動植物に心を動かされる中で，生命の不思議さや尊さに気付き，身近な動植物への接し方を考え，命あるものとしていたわり，大切にする気持ちをもって関わるようになる。
数量や図形，標識や文字などへの関心・感覚	遊びや生活の中で，数量や図形，標識や文字などに親しむ体験を重ねたり，標識や文字の役割に気付いたりし，自らの必要感に基づきこれらを活用し，興味や関心，感覚をもつようになる。
言葉による伝え合い	先生や友達と心を通わせる中で，絵本や物語などに親しみながら，豊かな言葉や表現を身に付け，経験したことや考えたことなどを言葉で伝えたり，相手の話を注意して聞いたりし，言葉による伝え合いを楽しむようになる。
豊かな感性と表現	心を動かす出来事などに触れ感性を働かせる中で，様々な素材の特徴や表現の仕方などに気付き，感じたことや考えたことを自分で表現したり，友達同士で表現する過程を楽しんだりし，表現する喜びを味わい，意欲をもつようになる。

後の指導に資するための書類であり，就学前後の施設の連携に大きな役割を果たしています。さらに近年は単なる書類上の連携だけではなく，幼児期の育ちや学びを踏まえ小学校の授業を中心とした学習へうまくつなげるためのスタートカリキュラムが重視されるようになり，小学校学習指導要領総則等でも「小学校入学当初における生活科を中心としたスタートカリキュラムの充実」がうたわれています。就学前の５歳児が円滑に小学校の生活や学習へ適応できるように，また幼児期の学びが小学校の生活や学習で生かされてつながるように工夫されたカリキュラムのことをアプローチカリキュラムと呼びます。アプローチ／スタートの両カリキュラムを体験することで，空間的，教育内容的，人的な環境が大きく異なる就学前後の段差を少なくしながら，初等教育以降にむけて幼児教育の成果を十分に生かすことができる環境が整えられるようになってきています。

まとめ

幼児教育の対象となる子どもは著しい成長・発達の途上にあり，年齢によっては大きな性差・個人差が存在します。また遊びを通じて発達を促したり，非認知能力を意識した活動を行う場合，その成果を実証することは一つ一つの現場においては困難です。だからこそ“子どもの最善の利益を追求する”という思いの中で，保育者の人格や経験に依拠しただけの保育を行うことは，それが善意で行われるが故

幼児教育としての保育の質的向上

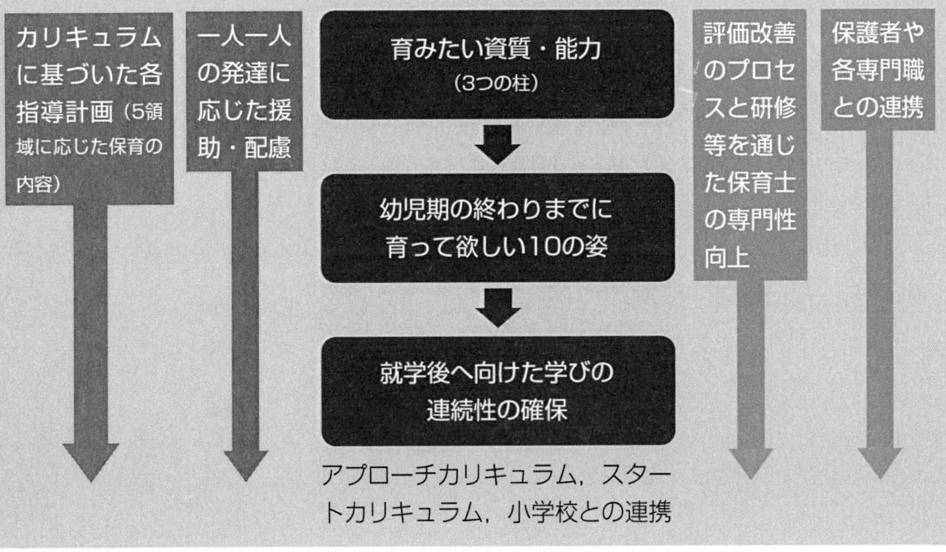

に，課題の発見や改善が行われ難いという重大な問題を生み出すことがあります。

　今まで見てきたように，「幼児期の終わりまでに育って欲しい10の姿」は，必ずしもすべての子どもが5歳の終わりまでに達成しなければならないものではなく，また9の姿や11の姿ではないことの明確な理由もありません。ではなぜそれが，幼稚園，保育所，認定こども園を問わず重要視されているのか，それは幼児教育が共通して「10の姿」という方向性を持ち，ある程度科学的な根拠に基づいた視点でのカリキュラムを編成することで，保育の質を高めつつ初等教育以降への接続を滑らかにすることが必要だからです。保育の計画やカリキュラムは単に前例を踏まえたり場当たり的に流行を追うのではなく，「なぜなのか」という問いに対する答

OODAループ

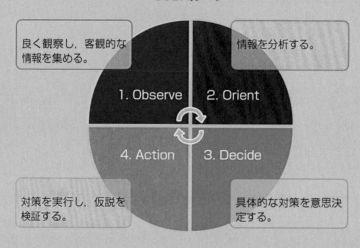

PDCAサイクル

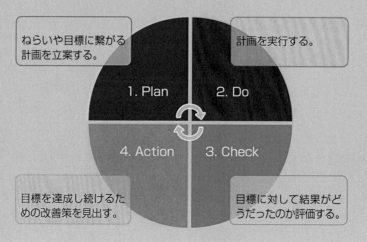

えがしっかり用意されたものであるべきです。

　それと同時に実践を起点にしたOODAループや，計画を起点としたPDCAサイクルといった教育の省察や，評価・改善のプロセスを一人一人の保育者が持ち続け，園全体で共有し，園内外の研修等を通じて磨き上げていくことがこれからの保育者に求められる重要な専門性となっています。

第3節　5領域を統合するための指導計画

　この節では，指導計画の立案のために必要な事柄について考えます。まず，5領域同士の関連を押さえた上で，カリキュラムの編成のその手順を説明します。次に，カリキュラムを考える上でベースとなる，子どもの発達について解説します。

1　5領域の関係

　保育内容を考える場合，領域一つ一つではなく5つの領域を相互の関連を図りながら，統合的に考えることが大切です。

　5領域同士の関連を見てみましょう。

　保育所，認定こども園には0歳から満5歳までの子どもが，幼稚園には満3歳から満5歳までの子どもが在籍しています。子ども達の発達を考慮して，1歳以上の幼児については「健康」・「人間関係」・「環境」・「言葉」・「表現」の5領域に，1歳未満の乳児については身体的発達に関する視点「健やかに伸び伸びと育つ」，社会的発達についての視点「身近な人と気持ちが通じ合う」，精神発達に関する視点「身近なものと関わり感性が育つ」の3項目にまとめ，考えられています。

　「健やかに伸び伸びと育つ」という視点は主に「健康」の領域，「身近な人と気持ちが通じ合う」という視点は主に「言葉」，「人間関係」の領域，「身近なものと関わり感性が育つ」という視点は主に「表現」「環境」の領域の保育内容との連続性を意識しています。

図表1－1　0歳・1歳以上の保育内容の関連

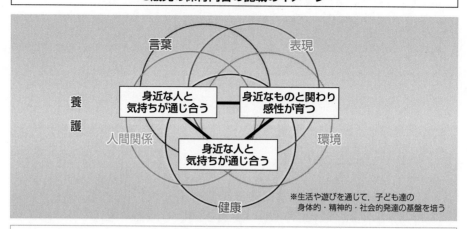

O歳児の保育内容の記載のイメージ

※生活や遊びを通じて，子ども達の
身体的・精神的・社会的発達の基盤を培う

○ 乳児保育については，生活や遊びが充実することを通して，子ども達の身体的・精神的・社会的発達の基盤を培うという基本的な考え方を踏まえ，乳児を主体に，「身近な人と気持ちが通じ合う」「身近なものと関わり感性が育つ」「健やかに伸び伸びと育つ」という視点から，保育の内容等を記載。保育現場で取り組みやすいものとなるよう整理・充実。

○ 「身近な人と気持ちが通じ合う」という視点からは，主に現行指針の「言葉」「人間関係」の領域で示している保育内容との連続性を意識しながら，保育のねらい・内容等について整理・記載。乳児からの働きかけを周囲の大人が受容し，応答的に関与する環境の重要性を踏まえ記載。

○ 「身近なものと関わり感性が育つ」という視点からは，主に現行指針の「表現」「環境」の領域で示している保育内容との連続性を意識しながら，保育のねらい・内容等について整理・記載。乳児が好奇心を持つような環境構成を意識して記載。

出所：厚生労働省社会保障審議会児童部会保育専門委員会
「保育所保育指針の改定に関する議論の取りまとめ」2016年より引用。

2　カリキュラムの編成

　カリキュラム（curriculum）の語源はラテン語のcursus（走路・競走・経過の意）です。競馬場のトラック，馬が決められた競走路を走っているところを，想像してみてください。

　園ではそれぞれの教育・保育の目的に合わせて教育・保育内容を考え，その系統的な配列を決めます。子ども達は，競走馬があらかじめ決められた走路を走るのと同様に，その決められた計画に沿って学んでいきます。

図表1−2　競馬場の競走路

　カリキュラムは，幼稚園では「教育課程」，保育所では「全体的な計画」と呼ばれます。主に「幼稚園教育要領」では，第1章総則の第3教育課程の役割と編成等，第4指導計画の作成と幼児理解に基づいた評価に，「保育所保育指針」では，第一章総則の3保育の計画及び評価に，「幼保連携型認定こども園教育・保育要領」では，第一章総則の第2教育及び保育の内容並びに子育ての支援等に関する全体的な計画等，に言及されています。

（1）カリキュラム・マネージメント

　「幼稚園教育要領」には，カリキュラム・マネージメントとは「『幼児期の終わりまでに育ってほしい姿』を踏まえ教育課程を編成すること，教育課程の実施状況を評価してその改善を図っていくこと，教育課程の実施に必要な人的又は物的な体制を確保するとともにその改善を図っていくことなどを通して，教育課程に基づき組織的かつ計画的に各幼稚園の教育活動の質の向上を図っていくこと」（第3教育課程の役割と編成等より）と述べられています。カリキュラムの編成は下記のような手順でなされる必要があります。

1）保育者・職員が全員で編成する

　カリキュラムは，園を運営する園長・所長だけで編成するものではありません。園の中で子ども達に関わる保育者および，職員が全員で検討する必要があります。子ども達の日々の活動をいろいろな観点から把握している保育者・職員が，それぞれの立場から園全体の問題として考え意見を出し合って，方針，評価，改善する仕組みを決めていくのです。

2）法的根拠を確認する

　少なくとも，幼稚園は「日本国憲法」「教育基本法」「学校教育法」「幼稚園教育要領」を，保育所は「児童福祉法」「保育所保育指針」を，認定こども園はこれらすべてを，

第1章
第2章
第3章
第4章
第5章

幼保連携型認定こども園はこの他に「幼保連携型認定こども園教育・保育要領」を，そしてそのほかにも「消防法」「食育基本法」などさまざまな法規を踏まえて保育内容を検討する必要があります。

3）園の実態を把握する

① 幼児の実態を把握する

　所属している子ども達はどのような家庭環境，人的環境の中で育っているのか，その発達はどのような状況であるのか等を確認します。

② 園・地域の実態を把握する

　園舎，施設設備の状況，保育者の配置等や，園の周辺の自然環境・物的環境・人的環境の特徴を確認して，それに応じた保育を考える必要があります。例えば，最近の温暖化による熱中症の予防対策については，それぞれの地域の気候の特徴を考慮に入れて考えます。

4）教育目標を確認する

　設定されている建学の理念，教育の理念について，園ではどのような子どもを育てていきたいのか，園で理想とする子ども観について確認します。

5）保育方針を決め，内容を理解する

　教育目標を踏まえた園の保育方針を決めます。そして保育者・職員全員で内容を理解し行動に移していきます。

6）保育日程を決める

　年間を通しての保育日程を決めます。園生活への適応と発達の様相を考慮した上で新入園児への配慮，年齢別の配慮などを考えます。例えば4歳児の4月の時点では，4歳以前から通園していた子どもと，初めて4歳から入園してきた子どもの園生活の経験の違いに配慮する必要があります。

7）ねらいと内容を具体化する

　ねらいと内容について具体的にどのように実践するかを考えます。

8）その他

　小学校・家庭・地域との連携，世代間の交流，災害時の助け合いの確認，園行事・伝承行事，気になる子どもへの対応等にも留意する必要があります。

　このようにして作成されたカリキュラムは，それに従って保育を実践し，その結果から翌年により改善されるよう毎年見直しをしていきます。図表1－3にカリキュラムの編成の手順を示します 。

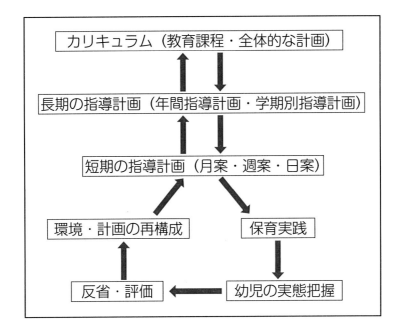

図表1-3　カリキュラムの編成の手順

カリキュラム（教育課程・全体的な計画）

長期の指導計画（年間指導計画・学期別指導計画）

短期の指導計画（月案・週案・日案）

環境・計画の再構成

保育実践

反省・評価

幼児の実態把握

　まず，年間と各学期を展望した長期の指導計画（年間指導計画・学期別指導計画）を立てます。それを具現化した，具体的な実践のための短期の指導計画（月案・週案・日案）に従って保育を実践します。その保育内容が実際の子どもの実態にふさわしいものであったか否かを反省・評価し，さらに環境と計画の再構成を図り，次年度の指導計画に反映させていきます。

（2）子どもの発達を考慮すること

　年間指導計画を考える場合には各年齢の子どもの発達の特徴を踏まえた上で，個々の子どもの発達を助長する，5領域を統合的に捉えた保育内容を考えることが大切です。

　具体的に，0歳から5歳までの子どもの発達の特徴とサポートの留意点について図表1-4をもとに考えてみましょう。

　早い場合には，出産休暇が明けると子ども達は保育所に入園します。

　発達は出生前の胎児期から始まります。精子と卵子が結合すると，受精卵は途端に細胞分裂を始めます。桑実胚，胞胚を経て，胎生2，3週目で胎芽となり，子宮に着床します。胎芽の大きさは親指の第一関節分ほどです。その後，外胚葉，中胚葉，内胚葉が分化し，身体の基礎が作られます。その間に早くて胎生20週，平均で胎生24週ごろから音を感じるようになります。胎児は外界の音を感じながら，母親の胎内で

図表1−4　子どもの発達のポイントと留意点

	発　達	保育上の留意点
0歳児	物のつかみ方がうまくなる はいはい→つかまり立ち→伝い歩き 前言語（喃語・泣き・指さし・しぐさ・模倣等）を使う	人見知りについて理解する
1歳児	歩行が始まる 物の永続性を理解する 一語文を獲得する	物の取り合いについて配慮する 行動範囲が広がる→危険なものに配慮する
2歳児	目的を持って歩き回る，走る，跳ぶことができる 簡単なごっこ遊びをする 二語文・多語文を獲得　語彙が増加する	自我の芽生え一物や人への執着が強まる いたずらの増加→動機を理解する
3歳児	基本的な運動機能が身に付く 食事・排泄・衣服の着脱などが一人でできる 話し言葉の基礎が出来上がる 友達と遊ぶようになる	安全に行動できるように配慮する 絵本，ごっこ遊びなどイメージの世界を広げる 集団のきまりや約束があることを知らせる
4歳児	社会的自我の発達が見られる 書き言葉への関心が出てくる 思いやりの気持ちが芽生える	子どもの個人差を考慮して対応する 身近な自然，動植物への関心を高める 子ども同士の関係に配慮する
5歳児	大きくなったという誇りを持つようになる 集団の中での自分を意識する 基本的な生活習慣が身に付く	就学に向けての準備をする （基本的な生活習慣・集団生活・身近な事象，文字等への関心）

成長していくのです。

　出生後間もない新生児にとって，母親のみでなく，父親，兄姉などの家族の声は胎内で聴いた懐かしい刺激音です。母国語と，非母国語を出生直後の新生児に聞かせたところ，母国語を好んで聞こうとしたという実験結果があります。生まれる前からすでに母国語を好むという言葉の嗜好が出来上がっているということです。音圧（dB）の閾値（聞こえるか聞こえないかの境目）は２歳でやっと15dBほど（参考：ささやき声は20dBほど）であり，健常な成人（閾値０dB）に比べるとあまりよく聞こえていないことがわかります。

　視覚については，網膜のもとになるものは胎生４週目に現れます。胎生28週では脳で光を感じるようになり，出生間際では光に対しての反応が見られます。新生児の視力は30㎝の距離で0.04ほどです。視力が1.0以上となるのは３歳頃からなので，視覚についても成人ほどは良く見えていないということです。

　聴覚，視力については，発達の最初期にはそれ以降には消失してしまう能力も確認されていますが，一方で，このように２歳頃まではあまりよく聞こえず，よく見えないことを鑑みて，例えば紙芝居や絵本を見せる時には，なるべく子ども達を傍に引き寄せて，大きな声でゆっくりと話すようにしましょう。

〈０歳児〉

　生後４ヶ月頃は目指す物をつかもうとしてもできません。生後５ヶ月頃から手のひら全体で握り，９ヶ月になると指でつかめるようになります。親指と人差し指でつまめるようになるのは１歳過ぎからです。

　伏臥（腹ばい）をさせると生後１ヶ月で顎を，２ヶ月で胸まで上げることができるようになります。４ヶ月で支えられて座り，７ヶ月でハイハイや１人で座れるようになります。９ヶ月でつかまり立ち，早い子どもで10ヶ月から，多くの子どもは１歳過ぎから歩くことができるようになります。

　この時期の子どもについてフロイトは，リビドー（人間に生得的に備わっている本能エネルギー）が口に向いていると考え，口唇期と呼んでいます。なんでも口に物を持っていって，口で確かめる時期です。小さな物を子どもの身近に置くのは危険です。床に細かいものが落ちていないか，おもちゃなども口に入るほどの小さなものは用いないなど配慮する必要があります。

　０歳児は言葉も話せず，ただ寝ているだけだと思っていませんか？　乳児はちゃんといろいろと感じ，考え，人に対して発声や身振り，表情などさまざまなサインを出

して自分の意思を伝えようとしています。そういうサインに対して感受性豊かになってください。

　乳児は人の顔，特に目をよく見つめます。また無表情で見つめるよりも，にこやかに微笑みながら語り掛けると，乳児はいつまでもそれに対して微笑み返します。目を見つめて微笑みながら語り掛けることが，一番心地よい刺激となるのです。

　生後2ヶ月目頃からは授乳後，オムツ換え後など，快適で機嫌がいい時に発声をするようになります。それに対しては，にこやかに「気持ちいいね。」と語りかけるなど，言葉と表情でしっかりと受け答えをしてあげましょう。

　乳児は，いないいないばあ，たかいたかい，物の出し入れ（例えばペットボトルにストローを出したり入れたりを繰り返す），布の引っ張り遊びなどが大好きです。

　人見知りは7ヶ月不安，8ヶ月不安ともいわれます。自身が信頼している人に対しては安心していますが，初めて会うような見ず知らずの人には著しい不安を感じます。この頃の子どもは人を観察しています。無理に面と向かって話そうとするのではなく，子どもが信頼している人（養育者，保育者等）と仲良く朗らかに話したり，他の子ども達と仲良くしているところを見せると，子どもはこの人は悪い人ではないと悟り，心を開いていきます。

　生後6ヶ月頃では，目の前にある物を布などで覆うとそこに存在しないかのようによそを向いてしまいます。それが，生後8ヶ月から12ヶ月頃になると，徐々に覆った布を取り払って物をつかむことができるようになります。これがピアジェのいう「物の永続性」を獲得できた状態です。

物の永続性の実験（物の永続性を獲得していない生後6ヶ月児）

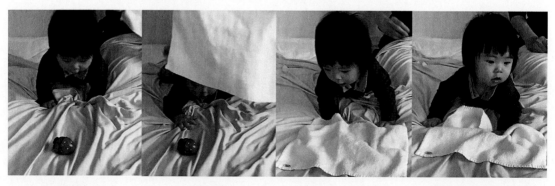

いい物がある！　　　（隠す）　　　あれ？　ない！　　　（存在を忘れる）

〈1歳児〉

　歩けるようになると，子どもの行動範囲は著しく広がります。階段，固定遊具などの近くでは危険な行動を想定して，事故を未然に防ぐように気をつけることが必要です。

　言葉に関しては，個人差はありますが，1歳前後から1つの単語を発することで，いろいろな意味を表す一語発話（一語文）を発するようになり，1歳半頃から2つの単語をつなげて発する二語発話（二語文）を発するようになります。また「コレ　ナニ？」と物の名称を問う質問を多くするようになります。それを，第一質問期といいます。この質問は，名称を知りたいだけではなく，子どもが二語で話すと相手が長文で返してくれるので，その会話を楽しんでいるという面もあります。したがって，なるべくしっかりと丁寧に答えてあげてください。

〈2歳児〉

　簡単なごっこ遊びを始めますが，例えばコップで飲み物を飲むフリをするのに，直にコップに口をつけてしまいます。粘土など可塑性のある遊びもさせてあげてほしいですが，誤飲等には注意してください。トイレットトレーニングも始まる時期です。友達が上手に排泄できているのを見る機会があることも，トレーニングの促進につながります。物への執着もあるので，子どもが持参した物は決して間違えないようにする必要があります。

　例えば白い壁にクレヨンで絵を描いてしまうなど，いたずらが増加します。この場合，ただ注意するのではなく，なぜそのようなことをしてしまったのか，その動機を考える必要があります。大きな画用紙がある感覚で絵を描いたのかもしれません。それならば，壁に模造紙を貼って，ここなら描いてもいいと伝えてください。

〈3歳児〉

　この頃の子どもは同じ大きさのカップに同量の水を入れた後，片方のコップの水を子どもの目の前で小さいコップに入れ直すと，入れ直したコップの水が増えたといいます。これは物の見かけに左右されてしまい，その本質は変化していないことを理解できない，ピアジェのいう「保存」の概念ができていない状態といえます。これについては就学前頃から徐々に理解できるようになっていきます。

　この感覚は，砂場遊びなどで，水や砂の容器からの出し入れなどを経験している間に自然に身についていきます。このように，なるべく具体的な経験をさせることが大切です。

量の保存の実験（量の保存を獲得していない３歳３ヶ月児）

| 同じだけ | （見ていてね） | こっちが多い, |
| 入っている | うん | 増えちゃった！ |

　衣服の着脱などは発達に個人差があるので，それぞれのレベルに合わせて，どれぐらい手伝えばいいかを考える必要があります。ルールのある遊びもできるようになり，友達との関係が密接になっていきます。絵本やごっこ遊びなどを多く用いて，イメージの世界を広げる手伝いをしてあげましょう。

〈４歳児〉

　書き言葉（文字）に興味を持ち始めます。無理強いすることなく，日々の生活の中でさりげなく，文字を使う場面を入れてみましょう。例えば，画用紙に絵を描いた時に，裏に自分の名前を書くように伝えます。書ける子どもは書けばいいし，書けない場合には保育者が後でそっと書いておけばいいのです。友達が書いているのを見ると自分でもやってみたくなります。その意欲を育てることを優先します。

　動物の飼育など，自分たちで世話ができるようになります。思いやりの気持ちを育てるためにも率先して，動植物に触れさせるようにします。

〈５歳児〉

　最年長児であるという誇りを持つようになります。年少児の世話をする機会を多く持たせましょう。また，ダイナミックな遊びをするようになります。例えば砂場など，子ども達が協力して山やトンネル，川を作るようになります。保育者はその活動に応じて，ジョウロやバケツを用意するなど，物的環境を整えてあげます。就学に向けての準備をする時期ですので，集中して話を聞く習慣をつけたり，身の回りのこと，例えば傘をさす，たたむ等，自分でできるように促すようにしましょう。

　この他，子ども達は，実在しないお化けや，サンタクロースを信じたり，ぬいぐる

み人形を大人が動かしながら話しかけると，まるでその人形が生きているかのように喜びます。そのような子どもの思考の仕方を理解して，子どもの目線に合わせた対応の仕方を工夫しましょう。言葉の教育に関しては第3章第1節に，特別な配慮を要する幼児に関しては第2章に詳しく解説されていますので，そちらを参照してください。カリキュラムの編成に際しては，このような子どもの発達の過程を軸にしながら考えていきます。

推薦図書

【第2節】
ジェームズ・J. ヘックマン『幼児教育の経済学』東洋経済新報社，2015
アンジェラ・ダックワース『やり抜く力』ダイヤモンド社，2016
ポール・タフ『私たちは子どもに何ができるのか――非認知能力を育み，格差に挑む』英治出版，2017
【第3節】
佐々木輝雄『「年中行事から食育」の経済学』筑波書房，2006
やまだようこ『ことばの前のことば』新曜社，1982

第1章

第2章

第3章

第4章

第5章

第 2 章

特別な配慮を要する
幼児の指導

· ·

　本章では，特別な配慮が必要とみなされやすい子どもについて
紹介するとともに，支援の際に配慮するポイントを説明します。
第1節では，特別な配慮を必要とする子どもがどのような子ども
であるのかを説明していきます。また，特別な配慮を必要としや
すい子どもとして，障害がある子どもと障害以外の特別な配慮が
必要な子どもがいますが，第2節では，障害のある子どもを中心
にとりあげていき，第3節では，障害以外の特別な配慮が必要な
子どもをとりあげていきます。子どもは個々に異なり，必要な配
慮もそれぞれ異なってきますが，第4節では，これらの子どもと
関わっていくうえで，共通して持っておくと良い基本的な考え方
や関わり方を説明していきます。

　特別な配慮を要するとみなされやすい子どもには，何らかの障害を持っていたり，家庭における何らかの事情を抱えている子どもがいます。子どもによって配慮すべきポイントは異なりますが，５領域のねらいや内容を踏まえて指導を行うという点は，どの子どもも同じです。

　特別な配慮を要する幼児とは，どのような子どもでしょうか。保育現場には，保育者の言うことにすぐ反応する子どもや反応が乏しい子ども，周囲の大人や友達に積極的に関わろうとする子どもや消極的な子どもなどさまざまな子どもがいます。さらに細かく見ていけば，すべての子どもがそれぞれ異なる特徴を持っているといえます。しかし，その特徴が極端な形で表れ，そのときどきの場面で許容範囲を超えてしまうほどであれば，周囲から「変わった子」とみなされたり，その子自身が強いストレスなどを抱えてしまうことがあります。このような子どもは「特別な配慮を要する幼児」であり，何らかの支援を必要としています。

　どのような事情であれ，子どもが何らかの困り事を抱えており支援を必要としていれば，「特別な配慮を要する幼児」ということになりますが，支援が必要となりやすい子どもとして，発達障害など何らかの障害を持つ子どもや，虐待を受けた子どもなど障害以外の配慮を要する子どもがいます。また，何らかの障害があっても診断を受けていない場合もあり，そのような子どもも何らかの特別な配慮を必要とすることがあります。

　保育場面では，これらの子どもに対しても，他の子どもと同じように，５領域のねらいや内容を踏まえて指導を行います。それに加えて，それぞれの子どもに必要な配慮を行います。

第2節　障害のある子ども

　第2節では，障害のある子どもについてみていきます。障害の種類にはさまざまなものがありますが，園において出会いやすい子どもとして，知的能力障害のある子ども，発達障害のある子ども，話すことの困難さがある子どもをみていきます。

1　知的能力障害のある子ども

　知的能力障害は，認知，言語，社会性など全般的に発達の遅れがみられる障害です。知的能力障害と判断する基準は，図表2－1のとおりです。

図表2－1　知的能力障害の判断基準

知的機能の欠陥	論理的に物事を考える，問題解決をする，適切に判断する，学習するなどの知的活動において必要な力の欠陥がある。
適応機能の欠陥	概念的スキル（言語，読字，書字，実用的知識など），社会的スキル（他者の考えへの意識，共感，コミュニケーションスキル，社会的判断など），実用的スキル（身辺処理，金銭管理，学校や仕事における課題の管理など）における欠陥がある。
発達期に発症	知的機能の欠陥と適応機能の欠陥が18歳未満の発達期にみられる。

　知的能力障害のある子どもは，注意や記憶，状況を見通すことなどさまざまな面で苦手さがあり，活動や遊びにおいて，どのように振舞ったら良いかがわからないなどの様子がみられます。また，失敗体験を積み重ねてしまうことも多く，主体的に行動することが難しい場合もあります。言葉だけでなく，絵や写真など視覚的に状況ややるべきことを理解できるように支援することで，見通しを持つことができ，安心して行動できるようになります。

2　発達障害のある子ども

　発達障害は全般的な知的発達の遅れはないものの，脳の何らかの機能不全により，さまざまな症状を示す障害です。発達障害には，自閉スペクトラム障害，注意欠如・多動症，限局性学習症があります。それぞれの主な症状は図表2－2のとおりです。

図表２−２　発達障害の種類

自閉スペクトラム障害	他者への関心が乏しくコミュニケーションなどに障害がある，興味の範囲や行う活動の内容が狭く限定されている（遊びや活動が広がらない）など。
注意欠如・多動症	注意欠陥（注意散漫さや集中の困難），多動性・衝動性（落ち着きがない，突発的に行動する，我慢がきかないなど）など。
限局性学習症	他の障害や育ってきた環境に問題がないのに，読む，書く，計算するなどいずれかの能力の習得と使用が困難な状態。読字障害，書字障害，算数障害がある。

　発達障害のある子どもは，見た目では障害があるとわかりにくく，障害のない他の子どもとの明確な境界線がありません。発達障害の症状によって，周囲とのトラブルがみられるものの，その症状以外の側面に関しては他の子どもと大きな違いがないため，「わがままな子」「努力できない子」「しつけができていない子」などと解釈されることも多く，本人だけでなく保護者も苦しい思いをすることがあります。
　発達障害の子どもが適応していくための配慮の例を図表２−３に示します。

図表２−３　発達障害の子どもへの配慮の例

自閉スペクトラム障害	コミュニケーションでは，視覚的な情報を用いる，説明や指示を短く具体的でわかりやすい表現にする。自分の興味の範囲だけで遊んでいても，その子の気持ちを大切にしながら，焦らず少しずつ興味の範囲を広げていく。
注意欠如・多動症	余計な刺激を置かないなど集中しやすい環境を整える，問題となる行動が起こりそうな場面で「やってはいけないこと」などのルールを事前確認する。
限局性学習症	読み，書き，算数などが求められる小学校以降に診断されやすいが，幼児期から症状がみられることもあるため，支援をしつつ，就学の際に小学校等に適切に情報伝達をする。

3　話すことの困難さがある子ども

　言葉を上手に話せると，人とのやりとりがスムーズになるだけでなく，嬉しい気持ちや悲しい気持ちなどを表現して他者と共感し合えたりできます。しかし，何らかの障害により，言葉を話すことが難しい子どもがいます。ここでは，構音障害，吃音，選択性緘黙についてみていきます。主な症状は図表２−４のとおりです。

図表2-4　構音障害，吃音，選択性緘黙の症状の例

構音障害	音を作る部分の障害のために正確な発音が困難な状態。例えば，「サカナ」を「タカナ」，「デンワ」を「エンア」と言うなど。
吃音	スムーズに話すことが難しい状態。例えば，「ボ，ボ，ボ，ボクハ・・・」と繰り返したり「ボー・・・クハ」と引き延ばして話し始めたりなど。
選択性緘黙	発声器官や言語能力に問題がないにもかかわらず，特定の場面で言葉をまったく話さない状態。例えば，家庭では問題なく話すのに，園では話せないなど。

　構音障害や吃音のある子どもは，上手に話せないことを指摘されたりからかわれたりすることで，余計に話しにくくなっていきます。保育においては，上手に話せることよりも，話すことが楽しいと思える体験と上手に話せなくても良いという安心感を持たせることが大切です。

　また，選択性緘黙は，強い不安の影響があると考えられています。したがって，話させようとすることよりも，不安の原因を特定したり，話すこと以外のコミュニケーションを模索することが大切です。

第3節　障害以外の配慮を要する子ども

　第3節では，障害以外の配慮を要する子どもについてみていきます。具体的には，虐待を受けた子ども，外国につながる子ども，貧困家庭の子どもです。これらは，基本的に家庭に関わる何らかの事情を抱えた子どもでもあります。

1　虐待を受けた子ども
　児童虐待は年々増加傾向にある重要な問題です。児童虐待の種類を図表2-5に示します。

図表2-5　児童虐待の種類

身体的虐待	殴る，蹴る，激しく揺さぶる，火傷を負わせるなど身体に直接危害を加えること。
心理的虐待	言葉で脅す，無視する，兄弟間で差別的に扱う，面前 DV を行うなど子どもを心理的に傷つけること。
性的虐待	子どもに性的行為を行う，性的行為を見せる，ポルノグラフィの被写体にするなど子どもを性的関心の対象にすること。
ネグレクト	食事を与えない，ひどく不潔にする，重い病気やケガでも病院に連れて行かないなど心身の世話をしないこと。

　虐待を受けた子どもは，低身長・低体重など身体発育に影響を受けるだけではなく，心に深い傷を負うことでその後の発達に大きな影響を受けます。本来，子どもは，信頼できる保護者がいることで不安を解消し，身の回りの環境に積極的に関わり，さまざまなことを学んでいきます。しかし，虐待を受けた子どもは，信頼すべき保護者からの虐待を受けることにより，不安と不信感を持って成長していくことになります。その結果，自尊感情や自己肯定感を持つことができず，自分自身を否定的にとらえるなどの深刻な問題につながっていきます。

2　外国につながる子ども

　外国につながる子どもは，国籍に関わらず海外に自分自身のルーツがある子どものことをいいます。日本以外の言語や文化，価値観，慣習などの中で育ってきており，それらを考慮した関わりが必要となります。

　日本語の理解が不十分な子どもであれば，保育者が行う説明を理解できない，話を聞いていない，嫌なことがあっても気持ちを伝えられないなど，保育の様々な場面で困難を抱えることになります。それにより，ストレスを抱え，落ち着きがなくなったりする場合もあるため，写真やイラストなどを用いて視覚的にわかりやすくすることにより，言葉以外のコミュニケーション手段で理解できるように配慮することが大切です。また，言葉以外にも，文化の違いにも配慮する必要があります。例えば，その子どもの国や宗教の習慣のために，食べられないものがあったり，手づかみで食べるということもあったりします。

　外国につながる子どもの保護者も日本語によるやりとりが難しいことがあります。園からの連絡事項が保護者にうまく伝わらず，製作などに必要な物を用意できていな

い，保護者会や行事などに保護者が参加していないなどの問題が起こることもあります。したがって，両親のうち日本語の理解が可能な方に連絡をしたり，母語に合わせた言葉で連絡をするなどの工夫が必要となります。

3　貧困家庭の子ども

　日本では，貧困といっても，生活そのものが成り立たないような絶対的貧困はあまりないとされています。むしろ，国や地域社会の平均的な生活水準に至らず，標準的な生活様式や活動に参加できない相対的貧困の家庭が問題となります。

　貧困に陥りやすい家庭には，ひとり親家庭，保護者が非正規雇用の家庭，若年の保護者の家庭などが挙げられます。貧困が子どもに与える影響として，例えば，次のものがあります。

・朝食をとっていないため，活動水準が低い。
・動物園や遊園地などで遊ぶ経験が少ない。
・周りの子どもが当たり前に持っている物（おもちゃや絵本など）を持つことができない。
・他の子どもが生活の中で自然に身につけていることが身についていなかったり，当たり前に知っていることを知らない。
・自己に対する肯定的な気持ちが失われている。

　貧困家庭の子どもには，身につけておくべき基本的生活習慣を育てる，社会的・文化的体験の不足を補うような遊びや活動を取り入れる，大切にされているという感覚を持たせるなど配慮が必要です。

第4節　特別な配慮を要する幼児への保育実践

　特別な配慮を要する幼児も，他の幼児と同じように，5領域のねらいや内容を踏まえて指導を行います。それに加えて，個々の幼児に必要な配慮を行っていきます。特別な配慮を要する幼児はそれぞれ異なる特徴を持っていますが，ここでは共通して知っておくと良い基本的な考え方を説明します。

1　子どもの行動には理由がある

　「教室を走り回る」「友達を叩いてしまう」など，子どもが不適切な行動をとること

があります。しかし，その行動には，必ず何らかの理由があります。これは，特別な配慮を要する子どもだけではなく，どの子どもでもいえることです。例えば，「教室を走り回る」という場合，「走り回ることで保育者がかまってくれる」という理由があるかもしれません。「友達を叩いてしまう」という場合，「○○したいけど，言葉が上手に使えないから，行動で要求する」ということかもしれません。子どもの行動には必ず何らかの理由があり，それをくみ取って関わっていくことが大切です。

　なお，特別な配慮を要する子どもが，保育場面で何らかの問題行動を示している場合，図表2−6に示す4つの理由のいずれかに当てはめて考えてみると良いでしょう。

図表2−6　特別な配慮を要する子どもの行動の理由

注目	注目してもらえない状況で，その行動をすると注目してもらえる。
要求	ほしい物やしたいことがあるときに，その行動をすると要求がとおる。
回避	いやな物やしたくないことがあるときに，その行動をすると回避できる。
感覚刺激	その行動をすると，心地良い感覚が得られる。

　子どもが何らかの不適切な行動をとっている場合，特定の状況下で，この4つの理由のいずれかを満たすためにその行動をとっていると考えます。したがって，不適切な行動をやめさせるような対応をとるよりも，適切な行動を身につけてもらうことで，子どもにとって望ましい結果が得られるようにしていくことが大切です（図表2−7）。

図表2−7　不適切な行動に対する対応の基本

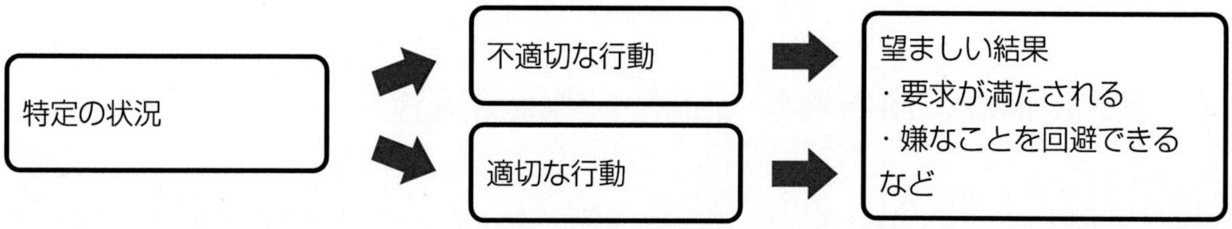

　それでは，次の事例を参考に上記の考えをみてみましょう。

年中クラスのA君は，言葉で自分の気持ちを表現するのが苦手です。車のおもちゃが好きですが，それを他の子どもが使っている場合，「かして」ということができないため，そのお友達を叩いてしまったり泣いて暴れたりします。保育者はしかたなくそのおもちゃをA君に渡してなだめた後に，「もう叩いちゃだめだよ」「お友達にごめんねってしようね」と伝えています。

　これを整理すると図表2－8のように考えることができます。

　事例の状況では，お友達が車のおもちゃで遊んでいて，A君もそのおもちゃで遊びたい。しかし，自分の気持ちを言葉で上手に表せないため，「お友達を叩く」「泣いて暴れる」などの不適切な行動をとることで，車のおもちゃを得ることができるようになっています。このような不適切な行動を，「写真や身ぶりで気持ちを伝える」「他のおもちゃで遊ぶ」という適切な行動に変化させることで，結果として「車のおもちゃで遊べる」あるいは「他のおもちゃで遊べる」という要求が満たされるようにしていきます。

　ここで重要なのは，特別な配慮を要する子どもが不適切な行動をとっていても，単純にその行動をやめさせたり，注意するというのではなく，行動の理由を踏まえて，子どもの望みをある程度満たすことができる適切な行動に変化させていくことが大切ということです。

図表2－8　A君事例のとらえ方

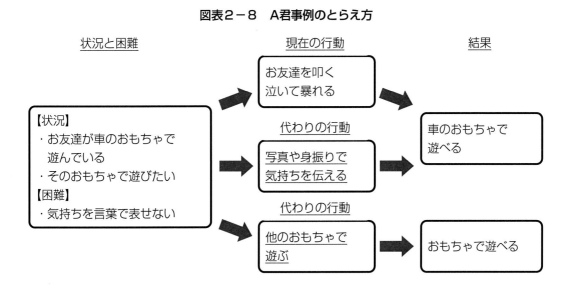

2　不適切な行動を起こさせない

　特別な配慮を要する子どもに対して，できるだけその子を褒めながら指導することが大切とされています。しかし，それと同時に悩むのが，不適切な行動をとっても叱ってはいけないのかということです。これはどのように考えていったら良いでしょうか。

　そもそも特別な配慮を要する子どもの中には，ほんの少し叱ったり注意した程度であっても非常に大きな失敗体験として感じ取ってしまい，その後まったく活動に参加しなくなるなどの状況に陥ることがあります。そうすると，再び活動に参加できるようにするために多大なる労力が必要となります。指導上の効率が極端に悪くなるとともに，これを繰り返すことで，子ども自身の自己肯定感が低下し，より叱られることに対して敏感になったりします。それだけ叱ることはリスクが高いとされています。

　したがって，特別な配慮を要する子どもには，不適切な行動が起きてから叱るのではなく，そもそも不適切な行動が起こりにくい状況を作ることが大切です。次の事例をみてみましょう。

　年中クラスのB君は，保育者が話をしているとき，時間が経つと少しずつ落ち着きがなくなってきて，そのうち立ち歩いたり部屋を出て行ったりします。同年齢の子どもに比べると，言葉を聞いて理解することが苦手であり，保育者の話も十分に理解できないようです。

　この例では，子どもが立ち歩いてしまったり部屋から出ていってしまうことを不適切な行動としてとらえてしまいかねません。しかし，子どもの立場にたつと，「状況を理解できないままじっと座っていなければならない」という苦痛を強いられていることになります。子どもの不適切な行動ととらえているものは，実はその苦痛を回避するために，子どもがしかたなくとっている行動かもしれません。この場合，「立ち歩く」「部屋から出ていく」ことをとめたり注意したりするような対応は適切とはいえません。子どもの行動の理由を理解したうえで，そもそもそのような行動が起こらないように，図表2－9のような配慮が必要です。

図表2−9　B君事例のとらえ方

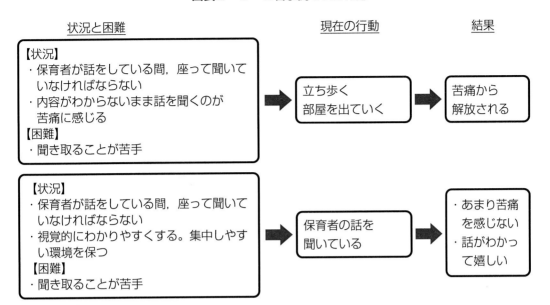

　図表2−9の上段は，不適切な行動が現れている状況です。それに対し，下段にあるように，先生が口頭で伝えるだけではなく，視覚的にわかるように写真などを使って説明することが考えられます。そうすることで，子ども自身が「立ち歩く」「部屋から出ていく」ことをしなくても，「状況を理解できないままじっと座っていなければならない」という苦痛を回避できるかもしれません。

　ポイントは，不適切な行動が起きてから対応するのではなく，不適切な行動が起きにくく適切な行動が起きやすい状況をあらかじめ用意するということです。

3　スモールステップ

　スモールステップとは，達成困難な課題を，達成可能なレベルに細分化し，一つ一つ階段を昇っていくようにクリアしていくことです。例えば，知的障害のある子どもが，服のボタンを自分でとめるという例を考えてみましょう。

> ①　最初は，ボタンを1つだけとめたら完成とする（他のボタンはあらかじめとめておく）。
> ②　①ができるようになったら，今度は，ボタンを2〜3つとめたら完成とする（他のボタンはあらかじめとめておく）。
> ③　②ができるようになったら，今度は，ボタンを全部自分でとめるようにする。

特別な配慮を要する子どもは，他の子どもには当たり前にできることが難しい場合があります。そのようなときに，スモールステップで課題を細分化することはとても有効な手段といえます。

4　見守る支援

　「特別な配慮を要する子ども」とはいえ，やってあげることが配慮ではありません。どのような子どもでも，将来，自立し社会適応していかなければならないことを踏まえ，そのための特別な配慮をしていきます。「特別な配慮を要する子ども」の場合，一つ一つの活動に時間がかかってしまったり，なかなか達成できなかったりすることがあるため，保育者としてはついつい手助けをしてあげたくなりますが，子どもが自分でできる部分まで手出しをしてしまわないように，「見守る支援」をしていくことが大切です。

　しかし，不適切な行動が起こり得る状況や達成困難な課題の場合には，どうしても手を出したくなってしまいます。したがって，①適切な行動が起こりやすい（不適切な行動が起こりにくい）状況にする，②スモールステップで達成可能なレベルの課題にするといった配慮をしたうえで，できるだけ見守る支援をしていくことが重要となります。

(推薦図書)

　　藤原里美『多様な子ども達の発達支援—なぜこの行動？　なぜこの対応？　理解できる10の視点』
　　　学研プラス，2015
　　三田地真実・岡村章司・井上雅彦『保護者と先生のための応用行動分析入門ハンドブック—子どもの
　　　行動を「ありのまま観る」ために』金剛出版，2019
　　西本絹子・古屋喜美代・常田秀子『子どもの臨床発達心理学—未来への育ちにつなげる理論と支援』
　　　萌文書林，2018

第 **3** 章

幼・保から小学校への
つながり

・・・・・・・・・・・・・・・・・・・・・・・・・・・・・・・・・・・

　小学校での学びは，「国語」や「算数」という各教科の学習の
時間によって達成されます。幼保における5領域と小学校におけ
る各教科は，脈絡がなく配置されているように見えますが，本章
では，その連続性について，「言葉」と「環境」に焦点をあて，
解説をしています。

　また，子ども自身の成長や，周りの保育者あるいは保護者が，
家庭や社会の中で配慮すべき点についても解説を加えています。

第1節　言葉の領域から国語教育へ

　私たち大人は，日々言葉を使って生活をしていますが，泣くことしかできなかった自分が，どのように言葉を話すことができるようになったかはほとんど覚えていません。しかし，その驚異的な成長を支え，促したものの１つが，保育者との言葉のやりとりであったことは間違いありません。この節では，小学校での国語教育を視野に入れて，乳幼児の言葉と保育者の関わりを考えます。

「保育所保育指針」と「幼稚園教育要領」の「言葉」の領域から「小学校」へ

　保育所，幼稚園では，話し言葉が中心であり，小学校では，教科書，ノートを使用した学習となります。書き言葉が重視されるために，保育所，幼稚園と小学校では，学びに段差があるように思われるかもしれません。しかし，子どもの言葉の発達は，乳幼児期から小学校へとそのつながりを考えねば，子ども達の発達はスムーズに進みません。つまり，保育者もまた小学校の教育を視野に入れ，保育での言葉の指導を考えねばなりません。

　幼稚園教育要領の「言葉」の領域は，「経験したことや考えたことなどを自分なりの言葉で表現し，相手の話す言葉を聞こうとする意欲や態度を育て，言葉に対する感覚や言葉で表現する力を養う」ことを目指し，次の３つをねらいとして掲げています。

（1）自分の気持ちを言葉で表現する楽しさを味わう。
（2）人の言葉や話などをよく聞き，自分の経験したことや考えたことを話し，伝え合う喜びを味わう。
（3）日常生活に必要な言葉が分かるようになるとともに，絵本や物語などに親しみ，言葉に対する感覚を豊かにし，先生や友達と心を通わせる。　　　　　（「幼稚園教育要領」より）

　幼稚園教育要領「言葉」の領域の内容は，上のねらいをもとに，10項目が掲げられています。そのうちの９項目は，話し言葉の充実を促すものです。文字については，「日常生活の中で，文字などで伝える楽しさを味わう」と書かれているだけです。

　保育所保育指針では，「文字」に関する内容が表れるのは，５歳児からであり，「生活に必要な簡単な文字や記号などに関心をもつ」とし，６歳児では「人と話し合うことや，身近な文字に関心を深め，読んだりすることの楽しさを味わう」と，なっています。

小学校の国語科は,「話すこと・聞くこと」「書くこと」「読むこと」の領域に本格的に取り組むために,幼児期での「話し言葉」の指導が重要であることを示しています。

1　保育者の役割

　子どもとのコミュニケーションから,言葉の領域のねらいを達成するための保育者の役割を考えてみましょう。

　まず,大切なことは,コミュニケーションとは,発信者と受信者との協働作業であるということです。協働作業は,両者の信頼関係がなくてはできません。保育者と子どものコミュニケーションも,信頼関係に支えられてはじめて,言葉の発達を促すことになります。信頼関係に支えられたコミュニケーションを体験することで,子どもは,「自分の気持ちを言葉で表現する楽しさを味わう」ことが可能になります。さらに,信頼する保育者であるから,「人の言葉や話などをよく聞き,自分の経験したことや考えたことを話し,伝え合う喜びを味わう」ことができます。具体的な事例をみてみましょう。

　非常に風の強い日。A男とS男(いずれも3歳児)が先生のところに駆け込んできました。

A　　男：先生,おそと,うおん,うおん,おこっとるよ。
保育者：どれ,どれ。〔外に出ようとする〕
A　　男・S男：よし,ぼくもいくぞ。
A　　男：いくぞ,キックだ。〔S男に呼びかけ,風に向かっていく〕
A　　男：だめだ,目がやられた。〔両手で顔を覆って座り込む〕
保育者：しっかりしろ,私が盾になって,やつの攻撃を止める。〔A男を保育者の胸にもたせかける〕
A　　男：ありがとう。もう,大丈夫だ。〔まばたきをして立ち上がる。そばで心配そうに見ていたS男が〕
S　　男：くっそう。もう許せん。いくぞ。〔下唇を噛み,怒った表情で,A男と保育者を促す〕
A　　男・保育者：よし。〔強い風をよけながらパンチやキックを繰り出す〕

(鳴門教育大学附属幼稚園研究紀要　佐々木晃)

　「おそと,うおん,うおん,おこっとるよ。」という表現は,A男が外の様子をただならぬ様子と感じたことを保育者に伝えています。それを感じ取った保育者は,「す

ごい風だね。」「台風のような強い風だね。」といった言葉ではなく，幼児を外に連れ出します。Ａ男とＳ男と一緒に，「うおん，うおん，おこっとるよ。」と表現した世界に飛び込んだのです。２人は，そんな保育者を「自分たちの思いをくみ取ってくれる」存在としてとらえたでしょう。保育者のそんな心を知った子ども達は，自らの思いを保育者にゆだね，さらに，自分たちの物語を作り出します。「うおん，うおん」というオノマトペを確認するように，風に向かい，自らを主人公とした風に逆らい挑む物語を創り，その物語の世界に入り込もうとしたのです。保育者の「しっかりしろ，私が盾になって，やつの攻撃を止める。」という言葉がけは，幼児の創りつつある物語にリアリティーを持たせます。子どもの創る物語に保育者自身も参加していることを子どもに伝えます。

　オノマトペは，物事の様子・心情などを感覚的にとらえ，それを相手に具体的に示すレトリックです。子どもの感覚でとらえた風に対する表現が，伝える相手に強く印象づけられたことを，オノマトペの使用効果として体感した瞬間でしょう。子ども達が，これから先，物語に表現されたオノマトペに出会ったとき，オノマトペの持つ力を理解し，物語を読むことに，こうした体感が生きて働くであろうことは推測できそうです。

　この事例は，子どもの表現を，小学校以降さまざまな場面で使われるオノマトペへつながるチャンスととらえられていたからできたコミュニケーションを象徴的に語るものです。それは，保育者が，「ねらい」の（3）にある「言葉に対する感覚を豊かに」するということを常に考えているからこそできることでもあります。同時に，豊かな言語体験が，「言葉」領域だけでなく，「表現」「人間関係」「環境」「健康」領域とも融合することによって，生み出されることを物語るものでもあります。

2　読み聞かせという活動

　保育所や幼稚園でよく行われる読み聞かせについて考えてみましょう。

　幼稚園教育要領「言葉」の領域の「2内容」の（9）に，「絵本や物語などに親しみ，興味をもって聞き，想像をする楽しさを味わう。」とあります。

　小学校第1・2学年国語科「C読むこと」では，「（1）読むことに関する次の事項を身に付けることができるよう指導する。」として，次の6点が掲げられています。

ア　時間的な順序や事柄の順序などを考えながら，内容の大体を捉えること。
イ　場面の様子や登場人物の行動など，内容の大体を捉えること。
ウ　文章の中の重要な語や文を考えて選び出すこと。
エ　場面の様子に着目して，登場人物の行動を具体的に想像すること。
オ　文章の内容と自分の体験とを結び付けて，感想をもつこと。
カ　文章を読んで感じたことや分かったことを共有すること。

　保育所・幼稚園での保育・教育が，小学校での読む学習の基盤をいかに形成するのかを考察してみましょう。

　幼児にとって，絵本の読み聞かせ体験は，読み聞かせしてくれる保育者との交流を通して，物語世界に参入し，物語世界を生きる体験なのです。読み聞かせを通して，想像力や感受性を育みながら，それらと連関しつつ言葉を獲得し，「読む力」を形成します。

　読み聞かせをするとき，保育者は文字を追って，それを音声に変えているだけではありません。登場人物の会話ごとに声色を変えて読むこともありますし，話の山場になれば，それを盛り上げるべく緩急をつけても読みます。さらに，「あら，この猫ちゃん，何するんだろう？」など，ちょっとした言葉を差し挟むこともあります。こうした保育者の読みは，絵本に描かれた登場人物の姿や行為だけでなく，登場人物の様子を豊かに想像させ，物語世界に入り込むことを促し，さらには物語の展開構造をも意識させることになります。

　人の読むという行為は，文字によって書かれた情報を単に受け入れることではありません。読むという行為は，言葉への感受性と想像力を働かせながら，書かれた文章世界に入り込み，自分の世界を創造していく行為なのです。読むことの楽しさと共に，言葉から想像する力や読み手と聞き手の関係もまた理解します。これは書くときの，書き手と読み手の関係を考える基盤になると考えられます。しかし，これらのことは，あくまで保育者が心に留めておく程度のものであり，読み聞かせでは，子ども達と一緒に物語世界を楽しもうという気持ちで行うことが大切です（梅澤・2010）。

　4歳児ぐらいになると，実際には文字を覚え読めているわけではないのですが，保育者に読んでもらった絵本の文字を指でたどりながら，保育者が読み聞かせた声を再生するような姿が見られます。それは，自分に感動をもたらしてくれたものを確認し，その感動を再体験したいという願いが込められているのでしょう。

　では，幼児はどのような絵本をおもしろいと感じるのでしょうか？　沢田ら（1974）

の研究を紹介します。

　この研究では，幼稚園年長児に8冊の絵本を読み聞かせ，おもしろいとされた絵本とそうでない絵本に分け，さらに，それぞれの絵本の読み聞かせ中の反応を比較分析しました。その結果，幼児がおもしろいと感じる絵本は，

・導入部分で主人公の行動が自分たちの生活経験と重なりがあると感じられるもの。
・内容に繰り返しがあり，展開に意外性がある，などの特徴を備えている。

　また，読み聞かせ中の幼児の反応から，幼児は，物語の展開予測をしながら聞いており，展開予測が裏切られるとおもしろさを感じているようであることもわかりました。

　幼児は，おもしろいと感じた絵本の読み聞かせを何度でもせがみます。そうした繰り返し聞く過程で，語彙が豊かになるだけでなく，物語の読み方，楽しみ方も身につけていきます（梅澤，2019）。

3　文字指導－平仮名を読む・書くということ－

　平仮名を読んだり，書いたりするとは，子どもにとってどのような活動でしょうか？

　平仮名を読むということは，例えば，「あり」を「蟻」と認識するために，平仮名の「あ」「り」の一字ずつ「ア」「リ」という一音に置き換え，さらに，「ア」と「リ」を1つのまとまった「アリ」として，それが「蟻」と一致するものだと認識する一連の活動によらなければなりません」。

　平仮名が書けるためには，「あ」を「ア」という音韻を表す文字として理解し，「あ」の字形を記憶します。しかし，それだけでなく，その字形を再現するために，筆記用具を使い，いろいろな方向に線を引くことができる技能が必要になります。それは手だけではありません。手を動かすために姿勢を保つ背筋などの筋力も必要です。

　したがって，身体的に文字を書く時期に達していないにもかかわらず，文字を書く指導を過剰に取り入れることは，幼児に大きな心的な負荷をかけることになります。さらに，まだ，文字に興味を示していない時期に，ドリルのような練習を繰り返すことで文字を習得させようとすることは，文字を書く楽しみや文字で表現する喜びを失わせてしまう可能性もあります（梅澤，2011）。

まとめ

　言葉は機械的に覚えさせようとしても，獲得されるわけではありません。子どもは，自らが生活するさまざまな場面で言葉に接し，聞き，話すという活動を通して，言葉を学んでいきます。しかし，それは，その言葉の意味を理解するだけではありません。話し手の動作や表情，語り方などから感じ取られた心的なものと連関させて，コミュニケーションとはどういうことか，コミュニケーションをするためには何が必要であるかを体で感じながら，自らの言葉の力を形成していくのです。

　言い換えれば，子ども達が生きる「環境」そのものが言葉を生み出すのだともいえます。ここでの「環境」とは，人と人，人とモノが触れ合う場であり，時であるということです。人と人，人とモノが触れ合うとき，思いが生まれます。人は，その思いを相手や自分自身に伝えたいと願います。そのとき，言葉は子どもの中に生まれます。

　子どもは，懸命に自分の思いを表現しようとします。保育士は，そんな言葉が生み出される環境をとらえなくてはなりません。また，そうした環境を創り出すことを考えねばなりません。

　保育者と子どもの対話は，保育者が子どもの表現が紡ぎだされる環境を共有し，想像力と創造力を働かせて，子どもの語りに子どもの心を感じるところから始まるのです。

第2節　環境の領域から生活科・理科へ，そしてデジタル環境へ

　私たちの身の回りから地球規模にまで広がる「自然」を対象とした学びは，幼稚園（環境領域）から始まり，小学校1・2年生での「生活科」を経て，小学校3年生から「理科」という教科に，連続しているように見えます。本節では，そのつながりを小学校中学年までを通してとらえてみます。次に，生活の中に入り込んでいる人工的な環境，特にデジタル環境について，そして小学校で導入されたプログラミング教育と，テレビの視聴についても話題に取り上げます。

1　環境の領域〜生活科〜理科

　科学的なものの見方・考え方は，発達段階に応じて異なります。例えば，図表3−1のように，ダンゴムシ1匹についての気付きや発見は，発達段階によって異なること

は容易に想像できるしょう。幼児期には自分を取り巻く環境の中に自らが入り込む，あるいはごっこ遊び体験のように環境を自らの中に取り込んで一体的に感じるという体験などから学びます。生活科では，自分を取り巻く環境に自ら働きかけてその反応をみたり，感じたり，気付いたりすることができるようになっています。そして，理科として環境を客観的にとらえ，定性的そして定量的に観察できるように移り変わっていきます。このように，成長と共に，求められる科学的な姿勢に変化があります。

図表3－1　子どもの気付きの成長

幼稚園教育要領や小学校学習指導要領に示されている内容に多少のアレンジを加えて，その違いの一部をまとめたものが図表3－2です。この先，この子ども達にはこのような力が形成されていくという見通しを持って，現在，目の前にいる子ども達に実践していくことが重要といえます。

図表3－2　環境領域（幼稚園）と生活科・理科（小学校）とでの学びの比較

	幼稚園（環境）	小学校（生活科）	小学校（3年理科）
気付きの質	○対象との関わり ・環境の中に入る ・自身に環境を取り込む	○対象との関わり ・自分から環境に働きかける 　⇔自分	○対象との関わり ・環境を客観的に観察する ・静かに観察する ・積極的に働きかける ・実験する
	○すばらしさ ・大きさ ・美しさ ・不思議さ ○変化 ・季節による変化に気付く ・好奇心	○すばらしさ＋よさ ・美しさや巧みさ ・不思議さや面白さ ・特徴や性質 ○変化 ・四季の変化の違いや特徴を見付ける ・季節の変化と自分たちの生活との関連 ・自然の中のきまりを見付ける（見付ける・比べる・たとえる・試す・見通す・工夫する）	○固有の形態 ・色・形・大きさなどの姿に違いがある ・成長には一定の順序 ○変化 ・差異点と共通点を基に（3年生） ・根拠がある予想や仮説（4年生） ・継続的観察
	○生命の尊さ ・親しみをもって接する ・いたわり，大切さ	○生命の尊さ ・変化や成長の様子 ・生命 ・自分自身 ○質を高める ・気付いたことを基に考え，新たな気付きを生み出す ・相手（対象）の立場に立った気付き	○生命の尊さ ・愛護する態度 ・成長の過程，体のつくり ・環境とのかかわり ○発見や気付きを学習に活かす
育みたい資質能力	○興味・関心・探究心 ・発見を楽しむ ○意欲 ・自分からかかわる ○表現力 ・感動を伝え合う	○興味・関心・探究心 ・発見をしたこと，成功したことの喜び ○意欲 ・関わりを深める ・関わる楽しさを感じる ○表現力 ・言葉，絵，動作，劇化等の方法による表現 ・他者と交流して認め合う ・振り返りと捉え直し ・関連付ける	○興味・関心・探究心 ・探究する ・科学的な観察（器具） ・問題解決 ○表現力 ・理科の用語を使用

2　プログラミング教育って？

　令和２年４月から小学校でのプログラミング教育が始まりました。どのように進めたら良いか暗中模索，試行錯誤という学校が，まだしばらくの間は多いと思います。幼稚園や保育所等では，今からコンピュータを使わせた方がいいかというような保護者からの相談もあるのではないかと思います。ここでは，プログラミングという考え方の基礎をみることにします。

例１【お掃除ロボット】

　家電商品をはじめとした私たちの身の回りのものには，ほとんど小さいコンピュータが内蔵されています。そのコンピュータからの命令でそれらは動いているのです。例えば，お掃除ロボットは壁に近づくとそれをセンサーが感知して，方向転換をしますが，これは内蔵されたプログラムに，「まっすぐに進め」「もしセンサーが障害物を感知したら」「右に回り」そして「まっ

図表３−３　お掃除ロボット動きの例

①ヒゲが何かに接触しなければ，そのまま進め
②もし，何かに接触したら右に曲がれ再び，①へ戻って，同じことを繰り返すこれを繰り返す

すぐ進め」というような指示が書かれていて，小さなコンピュータはその指示に従って，お掃除ロボットの動きを制御しているのです。

例２【電車のICカード】

　定期券の例を挙げてみましょう。A駅〜F駅の定期券がカードに登録されていたとします。所用でB駅でICカードをかざし改札を通過し，B→C→D→Eと経由して，E駅で下車すると，私たちはそのICカードをE駅の改札機にかざします。すると，瞬時に，B−Cは徴収，C−Dは定期，D−Eは徴収と判断して，その額を計算

図表３−４　電車での料金徴収システムの例

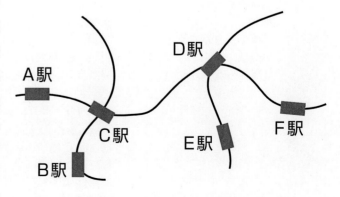

し，私たちがかざしてから改札機を離れる前にICカードの残高を変更しています。これは，改札機を含めたシステムにそのような処理の手順があらかじめプログラムとして組み込まれていて，それを高速で処理できるからです。ここまでで大事なことは，これらのコンピュータは人（専門家）が作成した手順である「プログラム」に従って動いているということです。

このように「機器に内蔵された手順（プログラム）」によって私たちの日常生活が営まれていることを学びましょうというのが１つ目の理由です。別の言い方をすれば，小学校では「お米の作り方」として稲作のまねごとがなされています。子ども達は農業の専門家になるわけではありませんが，お米の作り方（育ち方）を学ぶのです。同じようにコンピュータが社会を支えているので，そのプログラムについて学んでおこうというのがプログラミング教育の１つの側面です。

製品を動かす（機能させる）には，プログラムを作成し，それをコンピュータに埋め込まなくてはなりません。作成するのは人です。ここで，大事なことの１つは，人はミスを犯すということです。100％完璧はあり得ないのです。時々，コンピュータが異常を起こして，システムが動かないという事故がありますが，これは目立たないところに埋もれていて気付かなかったミスが，何かの拍子に発現したという場合がほとんどです。このようなミスを「バグ」といいます。虫という意味です。いろいろな場面を想定して試行錯誤をするというのは，このバグへの挑戦ともいえます。このような学習をしましょうというのが，２つ目の理由です。

【実際のプログラム教育教材の一例】

ここ数年で，多くのプログラミング教育用ソフトウェアが開発されてきました。幼児でもすぐに操作できるようなビジュアルなものもあります。しかし，現状では，すべての保育所や幼稚園でタブレットPCや特別な学習機器をそろえるということは困難でしょう。以下では，PCを使わずにプログラミングの意味を体験するゲームを紹介します。

図表３-５のようなマス目を，１つは保育室の床に（ビニールテープ等で），もう１つは印刷したものをグループに配付します。グ

図表３-５　プログラミング・ゲームの一例

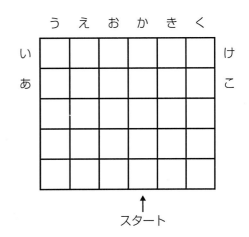

ループではスタート地点から迷路のようにマス目を通過して，「あ」～「こ」の出口に向かうコースを考えます。そのコースを，スタート地点から①「1つ前へ」②「左に向く」③「3つ前へ」……「2つ前へ」で「お」に到着と，言葉で伝えられるように準備をします。それが整った段階で，保育者が床のマス目のスタート地点に立ちます。以降，グループのメンバーは床を動く保育者の方を見ることは禁止です。グループから保育者に「1つ前へ」と先程のコースの手順を1つ伝えます。マス目に立つ保育者はその動作「1つ前へ」をします。動作が終われば「1マス進みました」と保育者は復唱します。グループはその復唱を受けて，次のステップ「左に向く」を指示します。これを繰り返します。「1つの指示で，1つの動作をする」ことと，「指示を出す子ども達は保育者の動きを見ない」ことが大事です。グループ以外の子ども達は，指示通りに保育者が動いているかを監視します。最後に，グループが「はい，『お』に到着！」と言った時に保育者が正しく「お」に到着できているかということを競うゲームです。

　コースを考え，①「1つ前へ」……と一つ一つの細かいステップから構成される一連の流れが「プログラム」です。それをきちんと記述することが「プログラミング」です。グループの子ども達は，このプログラムに従って，指示を出した訳です。計画した指示（プログラム）によって他の者（保育者）を動かすという体験に，このゲームの意義があるのです。

　上記ゲームを少し改良して，通行できないマスなどをもうけ，スタートから特定のゴールに向けて，できるだけ少ないステップ数で完了するには，どのようなルートが効率的かを競うこともできます。そのような手順を考える際の方略が「アルゴリズム」と呼ばれるものです。

3　テレビやスマホを見せ放題にする保護者へ

　米国には，PBS（Public Broadcasting Service）という公共放送サービスがあります。これは，ローカル放送局が制作した優良な教育番組や子ども向け番組を，一度中央に集約して，再び別の各ローカル放送局に配信するといった事業を手がけている組織です。多くの人が名前は知っている「セサミストリート」も，このようにして米国全土で放送されたものです。PBSについては，財政的にはまったく異なりますが，我が国のNHK・Eテレのようなものを想像していただくと，わかりやすいかもしれません。

　ところで，この「セサミストリート」は，小学校入学時に英語が話せない，書けな

いという子ども達のために，就学スタート時点でのハンディキャップを打破するねらいで始められたものでした。当初の対象は，例えば，ヒスパニック系であるために家庭での会話は非英語という子ども達です。しかも，経済的にも貧困な家庭が多いようです。そのようなこともあり，多様な肌の色をした人物が出演しています。日本には中学生の英語教育用の番組として紹介されましたが，実はこのように就学前の子ども用の番組なのです。

このように番組は貧困層の子どもの学びの向上を目指しましたが，実際には，中流家庭での子どもの学力向上に番組視聴が最も貢献したという報告もあり，就学前における学力格差解消という当初の目的が十分に達成されたかは意見の分かれるところでもありました。

このようなねらいの番組を多く開発しているPBSのホームページには，家庭でのテレビ視聴を子どもの成長にどのように活かすかという見方や注意事項がいろいろと掲載され続けています。その1つに，就学前の子どもに対しての「テレビ視聴の習慣を形成する7つの方法」というのがありました。そのタイトルだけでも，少し意訳して載せてみます。

1．子どもと一緒に見る番組は慎重に決めましょう。
2．子どもと一緒に見ましょう。
3．テレビ優先ではなく，家族の時間を確保しましょう。
4．話を聞く能力を高めるために，テレビやビデオを使いましょう。
5．キャラクタが暴力によって解決するような番組は避けましょう。
6．アニメのキャラクタは人にはできないことをするということをはっきりとさせましょう。
7．子どもを怯えさせるような番組は避けましょう。

まずは，番組を見たら，それについて語り合いましょうということです。一緒というのは横に座っていなくてもいいでしょう。家事をしながら，時々そちらを見るとか，ちょっとだけでも体を一緒に動かすとか，話しかけるというだけでもいいかもしれません。特に，情意面について

は，視聴後のコミュニケーションが効果的であるようです。

乳幼児にとって，テレビから発せられた映像や音声に応答しても，テレビはその応

答に対しては応えてはくれません（親の声かけにちょっとした反応をすると，親は大喜びするのとは真逆です）。このように応答しても返ってこないことを繰り返し体験していくと，応えることは無意味であると学習し，応えない（無表情）という状況を生む可能性が高いとも言われています。

[第3節] 豊かな保育実践をめざして

　この節では，豊かな保育実践をめざすために，保育者は，子どもをどのようにとらえ，どのように自らの対応を選ぶかという，保育者の考え方を学んでほしいと思います。さらに，それをシミュレーションするワークシートを用意しました。

1　4歳児への読み聞かせの実践事例
　保育者は，子どもの何をとらえ，どのように考え，手立てをとるのかを，1つの事例で考えてみましょう。あなたも，保育者になって考えてみてください。
　保育者であるあなたは，4歳児の子ども達に絵本を開いて，読み始めました。

　6名の子ども達は，絵本に注目しています。
　2分ほどたったとき，A君が，隣のBさんの顔を覗き込みます。でも，Bさんは，絵本に夢中です。そこで，A君は，C君の肩をつつきます。C君は，A君にちょっと顔を向けますが，すぐ絵本に目を向けます。A君は，後ろにすわっているDさんと先生の顔を交互に見だしました。

　保育者であるあなたは，A君にどんな対応をしますか？　大きく分けて，次の2つの方法を考えたのではないでしょうか？

---

　a　A君に対して何らかの対応をとる。　b　もう少しA君の様子を見守る。

---

　aの場合，A君に直接言葉をかけて，絵本に注目するように促すのでしょうか。それとも，目で合図をおくるのでしょうか。それとも，絵本の読み方の速さを少しゆっくりにしたり，ちょっと声を落として，注意を喚起するのでしょうか。いろいろ考えられます。
　bの場合，A君が次にどんな行動をしたら，aのいずれかの方法をとるのでしょう

か。それとも，他の子の読み聞かせに影響を与えないのであれば，そのままほっておくのでしょうか？　こちらもいろいろありそうです。

　a，b，いずれを選択するかを決める（意思決定）にはどうすればよいのでしょうか。そのために，保育者は何を考えておけばよいかを探ってみましょう。

2　全体と個をとらえる3つの観点

　保育者は，全体の様子を見ながら，A君の動きを捉えています。保育者は，このように，全体を見ながら，一人一人の様子をとらえます。そのためには，右図のような3つの視点が考えられます。1つずつ説明します。

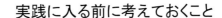

実践に入る前に考えておくこと

　①**活動のねらい**とは，ある活動を子どもに促すとき，保育者は，その活動が子ども達に何をもたらすのか，言い換えれば，その活動を通して，子ども達にどんな成長を促そうと願っているかということです。すなわち，「読み聞かせ」をなんのためにするかを保育者が明確に意識することです。保育計画では，活動のねらいとして書くことになります。

　②**活動に対する子どもの行動予測**とは，①のねらいを設定したとき，子ども達は，どんな行動をとるだろうかと考えることです。その「予測」によって，保育者が設定した「ねらい」が，子ども達にとって意味あるものかを考え，どのような手立て（方法）をとるかを考えることができます。

　③**一人一人のそれまでの姿のとらえ**とは，その活動に入るまでの子どもの成長をとらえておくことといえます。すなわち，保育者である私の目の前の子ども達の生活を個々にとらえられているということです。これは，①にも②にも関わっています。

　「子ども達が興味を持っている動物の絵本にするか？」「何分ぐらいで読める絵本を選ぶか？」「落ち着いてお話を聞けるのは，1日のどの時間か？」といったことが考えられます。さらに，「みんな絵本の読み聞かせを待っている」「Dさんは，動物より，花に関わる話の方が好きだが，動物の話でも，興味を示してくれるだろう」と，この活動に対する「ねらい」の意味と，その「ねらい」を達成するための「手立て（方法）」を考えることになります。

3 A君への手立ての決定ー保育者の意思決定を考える意味ー

　A君への対応として，a，b２つを示し，それぞれ具体的手立てを選ぶかを決定するために，保育者が意思決定するための３つの視点を示しました。a，bのどちらかが正しく，一方は間違っているということではないのだと思われたのではないでしょうか。保育者の意思決定はこれだけが正しいといった１つの正解を求めるものではないのです。では，なぜ，意思決定のために，いろいろ考えるのか。意思決定しなければならない場面で，直観的に判断すればよいではないか，と思った人もいるかもしれません。ベテランの保育者の子どもへの対応を観察していると，子どもの行動に対し瞬時に対応しています。だから，直観的な対応に見えます。しかし，ベテランの保育者もまた，意思決定のため３つの視点からの考えを実行しているのです。ただそれが瞬時に行われるために直観的に見えるだけなのです。

　ベテランの保育者のようになるためには，３つの視点から自分の実践を考えておくことを意識的に繰り返すことが大事です。そして，実践後に，あの時の意思決定は最善のものであったろうかと振り返ってみるのです。すると，実践前に考えていたこととは違う考えや，それまで考えていなかったものも見えてきます。そのようにして，実践を繰り返すことによって，保育実践が豊かなものとなっていきます。それは，保育者の成長ともいえます。

4 ワークシートで，保育実践をシミュレーションしてみよう

　57頁のワークシートを見てください。使い方の手順を説明します。

（1）「子どもの姿」を確認する

　一番上の囲みには，「子どもの姿」があり，次のように記載されています。

　お絵描きの時のこと。書き始めて２分ほどで，４歳児のBさんが「書けました」と先生のところに持ってきました。Bさんの絵は，赤いクレヨンで，丸が３つ描いてあるだけでした。丁寧に書いたとはいえない丸でした。このとき，保育者であるあなたはどんな対応をしますか？

（2）「子どもの心を想像する」を考察する

　この「子どもの姿」の左下には「子どもの心を想像する」と書かれた枠があります。

　この枠は，上の「子どもの姿」から，こうした行動をとったBさんの心の中を想像して書いてもらう枠です。

「なぜ，Bさんは，すぐに持ってきたのか？」と自分に問うてみてください。教育実習を終えていない人は，具体的な幼児の発達段階を想定することが難しかったら，とりあえず幼児の心を想像してみてください。

「描くのがめんどくさかったから」「先生にはやくほめてもらいたかったから」など，思いつくことをどんどん書いてみてください。これぐらいかなと思ったところで，友達と話し合ってみるのもよいでしょう。あなたが気づかなかったことや，自分の考えていたことがさらに詳しくなっていくことを学ぶことができるはずです。

（3）「子どもの姿」の状況をとらえる

「子どもの姿」をもとに「子どもの心」を想像しました。

そのとき，漠然とではあるかもしれませんが「この子，どんな顔をしながらもってきたかな」「周りの子ども達のことを見ながら，『できました』と言ったのかな」などを思い浮かべたのではないでしょうか。子どもの姿，表情，周りの状況を思い浮かべることで，より子どもの心（「考えられる子どもの心」）が想像できると思います。実際の保育の場では，もっと多くの子どもの姿，表情，周りの状況に関わる情報を受け取れるはずですが。しかし，多くの情報があってもそれをキャッチすることができるかが大事なのです。「子どもの心を想像する」を考えることと，それをもとに，友達と意見交換することは，あなたのアンテナをどこに向ければよいのかを学ぶことになると同時に，アンテナの感度を上げることになります。

（4）「保育者の心（願い・考え）」を振り返る

次に，「子どもの心を想像する」の右側の枠の「保育者の心（願い・考え）」を見てください。この枠には，「あなたは，保育者として，「お絵描き表現」について考えていることを箇条書きで書いてみましょう。」と書かれています。

保育者として，表現活動としてのお絵描きを指導することについて，あなたが考えていることを箇条書きで書いてみましょう。まず，自分なりに書いてください。その後，友達と発表し合うと，新たな認識が生まれるでしょう。

（5）「では，どのような対応をとりますか」に書きこむ

最後に，一番下の枠「では，どのような対応をとりますか」について，「保育者の心（願い・考え）」に書いたことと，「子どもの心を想像する」をもとに，どんな対応をするかを書きます。

推薦図書

【第1節】

広瀬友紀『ちいさい言語学者の冒険　子どもに学ぶことばの秘密』岩波書店，2017

今井むつみ『ことばの発達の謎を解く』ちくまプリマー新書，2013

佐々木晃『0～5歳児の非認知的能力　事例でわかる　社会情動的スキルを育む保育』チャイルド社，
　　2018

【第2節】

村野井均『子どもはテレビをどう見るか　テレビ理解の心理学』勁草書房，2016

ワークシート　　　　　　名前

> **子どもの姿**　　お絵描きの時のこと。書き始めて2分ほどで，4歳児のBさんが「書けました」と先生のところに持ってきました。Bさんの絵は，赤いクレヨンで，丸が3つ描いてあるだけでした。丁寧に書いたとはいえない丸でした。

子どもの心を想像する

　なぜ，Bさんは，すぐに絵を先生にもっていったのか？　考えられるBさんの心を想像して箇条書きで書いてみましょう。

保育者の心（願い・考え）

　あなたは，保育者として，「お絵描き表現」について考えていることを箇条書きで書いてみましょう。

では，どのような対応をとりますか

　上の「子どもの心を想像する」「保育者の心」を合わせ，保育者のとる対応を書きましょう。

第 **4** 章

表現領域

· ·

　本章は，3章までの内容を踏まえ，保育内容「表現」の実践編として主たる表現活動と5領域がどのように関連しているかを示しながら実践例を紹介します。これらの実践例を参考にして，自分自身の表現についての見方，考え方を広げ，保育者としての実践的力量を高めましょう。

　機会があれば，実習等で子ども達と一緒にぜひチャレンジして欲しいと思います。

　幼児の豊かな感性を育むためには，幼児期にこそさまざまな素材に触れて，造形遊びを楽しむことが大切です。保育者としてその環境を整えることと，遊びを通して総合的な指導を展開していく応用力が求められます。さまざまな領域と関連させて「学びに向かう力」を育てていくための造形表現の事例を4つ取り上げました。子どもの発達の姿に合わせた指導を実践していきたいと考えます。

◆実践例1 『芯材を用いた紙工作－未来の街づくり－』

＜対象年齢＞4歳児以上　＜関連分野＞造形表現・人間関係

　空き箱を使った見立て遊びやロボットの乗り物を作るなどの紙工作は，幼児期・児童期に大切な活動です。ここでは身近な地域や街や暮らしに目を向け，未来に住んでみたい建物を作ることを話し合います。友達と街づくりについて話し合い，対話から生まれるイメージを発展させていきます。身近な人と触れ合う公共施設，公園やスーパー，自然の河川や山，丘，駅や道路など，地域の住んでいる街について考えるなど，社会とのつながりを意識することも大切でしょう。

【ねらい】

① 紙の素材に親しみ，折り方を工夫して立体をつくる。

② 友達同士でさまざまな発想に触れ，街について考えたことなどを伝え合いながら，イメージを豊かに膨らませていく。

③ 身の回りの生活の中で，感じたり考えたことを自分の言葉や形で表す。紙の立体が倒れないように発展させる。

④ 組み立て方や接着の仕方を工夫するなど，立体的に立ち上がるバランス感覚を養う。

子どもの作品：未来のサッカースタジアム
（台座に空き箱を活用）

子どもの作品：ロールケーキのお家
（セロファンやマジックで彩色）

【準備・環境づくり】

〔準備：紙工作について〕

○画用紙または工作造形紙2枚　○空き箱（ティッシュBOX, お菓子の箱, 牛乳パック, トイレットペーパーなどの芯材を組み合わせると立体の安定感が良い）　○はさみ　○のり　○セロテープ　○両面テープ　○ホッチキス　○カラーペンまたはマジック　○爪楊枝または竹串（穴あけ用に）　○段ボール　○段ボールカッター　○たこ糸　○セロファンなど

〔環境づくり：街のマップ制作について〕

○模造紙をつないで住んでいる街の地図を形に切る。○駅，線路，道路，公共施設などを描く。○街のシンボル的な公共施設を保育者がつくって別室（ホールや体育館など広い空間）に用意しておくと良い。

【つくり方・プロセス】

①画用紙をはさみで切ったりして自由な形に組み合わせるが，土台部分は空き箱などの組み合わせが簡単でよい。②対話からイメージを膨らませて形が安定感よく立ち上がるよう，台座などに建物のベースを貼り付ける。③窓や玄関など穴を開け，階段などをつくる。④色をつける場合はマジックペンで彩色するか，セロファンなどを貼ると良い。

〔鑑賞の仕方〕

①あらかじめ住んでいる街の地図を，つないだ模造紙に描き，ホールなどに配置しておく。②ホールに移動して，自由に好きな場所へ作品を置くように伝える。③公共施設や沿線に作品を置くことも予想されるため，作品が密集しないように配慮する。④未来の街についてみんなで話し合う。

【指導上の留意点】

〔制作前〕

○未来の夢の街を子ども達に話し合わせます。ど

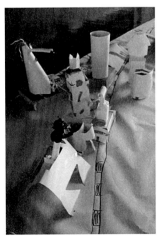

市内を通る沿線沿いに作品がたくさん並んだ。

のような建物をつくるのか具体的な例を保育者が出していくのも良いでしょう（例：地震・竜巻にも強い家，すぐに駆けつけてくれる空飛ぶ病院，高速道路が建物の中を通るビルなど）。グループに分かれて子ども同士の対話を重視させると，イメージが広がっていきます。

子ども大学児童の作品－未来の街－

〔制作時〕

　○高さのあるものをつくると，バランスが崩れて倒れてしまいます。台座部分の体積を大きくして積み重ねていくなど，しっかりと立ち上がる感覚を養わせることが大切です。接着剤の活用など保育者は適宜目を配り，十分に配慮する必要があります。

◆実践例2 『仕掛けのある影絵遊び』
　　　　　　　　　　＜対象年齢＞5歳児以上　＜関連分野＞造形表現・身体表現
　室内を暗くした光と影の遊びは，プロジェクターやカーテンがあれば簡単に楽しめる活動です。つくった影絵（絵人形）を持ち，動物になりきって楽しむごっこ遊びや，大きく映し出して自由に動かす影絵遊びは，子どもに想像力や豊かな感性を育むことでしょう。また絵人形はさまざまな仕掛けを取り入れることもできます。この「劇遊び」は造形，音楽，身体の3つの表現を取り入れた総合的な活動ともいえます。

写真4－1

【ねらい】
　①　物に光が当たった時の影の形や大きさの違いに気づかせ，自分の絵人形が映し出される喜びを味わう。
　②　動物の顔や形などに興味を持ち，想像して描いたものの影の正面・側面の動きや変化の楽しさに気づかせる。
　③　子ども同士で物語を決めてそれぞれの絵人形をつくった後に共同で遊び，お話を演じて楽しむ（写真4－1）。

【準備・環境づくり】

〈準備〉

○厚紙またはケント紙（ハツ切）　○角棒　約５×５×450mm程度　○セロテープ
○はさみ　○のり　○セロハン５色

〔さらに動きのある仕掛けを取り入れる場合〕

○竹串（長め）　○割りピン（小）　○タコ糸　○ゴム　○ホッチキス（図表４－３参照）

【遊び方・プロセス】

厚紙でできた人形などをスクリーンや布に，プロジェクターやスポットライトを投影して鑑賞する影絵劇は，アジア・ヨーロッパなどのさまざまな国で古くから親しまれてきた。今回は正面と側面を組み合わせた立体的な動きが見られる影絵の作り方です。

①下絵を描く。②正面と側面の姿を考えて顔の大きさ，目の位置など高さを合わせる。③画用紙を形に添って切る。④組み合わせを考えて（図の猫の場合，Ⓐと©の組み合わせでは猫のお腹に正面の絵が入るので，ⒶとⒷの組み合わせの方が良い）上下ⒶⒷを半分に切りそろえる（図表４－１）（単純な形で絵を組むと良い）。⑤十字クロスに組み合わせたところに角棒をセロテープで留める（写真４－２）。⑥下絵は，図表４－２のように単純な形で正面・側面の組み合わせを考えて描くと良い。

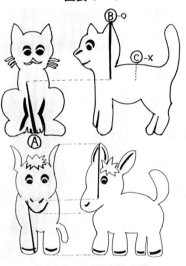

図表４－１

P126　参考資料も参照

写真４－２

〔背景の作り方〕

絵人形以外に背景をつくると，物語の世界観が伝わりやすい。ただし，人形劇や演劇舞台と違って光を使う舞台であるため，絵人形の登場人物の真後ろに背景があると影が重なり見えにくくなる。よって，左右上下と光と影が重ならない場所に配置する必

図表４－２　正面と側面を十字に組み合わせた見本例

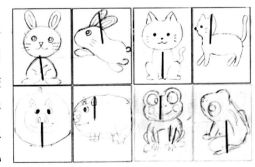

要がある（写真4－3）。下または左右から木々を伸ばす。上から雲を糸で吊るすなど，さまざまな工夫が必要となる。操作する手が足りない場合は椅子や机に木々や家を固定しておくのも良い。角棒がなるべく目立たないように配慮したい（写真4－4）。

写真4－3　背景見本

〔仕掛け部分の作り方〕

① 腕が動く，口が開くなどの仕掛けを絵人形に取り込むと表情が豊かな影絵となります（図表4－3）。動くパーツの支柱部分に割ピンを使い，ゴムをホッチキスで留めて，下からタコ糸で引っ張ると下に動き，手を離すとゴムに引っ張られて上に動きます。仕掛けのある絵人形は，台詞や動きの多い主役と準主役2体くらいで良く，また1つの人形に対して1，2ヶ所の仕掛けで良いでしょう。作りすぎると操作する手数が足りなくなります。

② 影絵は基本，白黒の世界ですが，洋服の柄や髪の毛などの切り抜いた部分にセロファンをつけると生き生きとした色彩豊かな世界となります。のりやセロテープで簡単につけることができます。ただし，セロテープは透明ではなくグレーになるので，光を当てないうに気をつけましょう。

写真4－4　保育所：年長児

学生による公演後のワークショップ（ごっこ遊び）

図表4－3

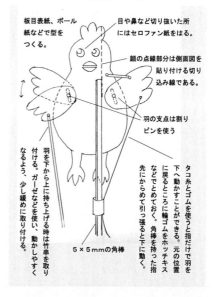

板目表紙、ボール紙などで型をつくる。

目や鼻など切り抜いた所にはセロファン紙をはる。

顔の点線部分は側面図を貼り付ける切り込み線である。

羽の支点は割りピンを使う

タコ糸とゴムを使うと指だけで羽を下へ動かすことができる。元の位置に戻るところに輪ゴムをホッチキスなどでとめておく。角棒を持った指先にからめて引っ張ると下に動く。

羽を下から上に持ち上げる時は竹串を取り付ける。ガーゼなどを使い、動かしやすくなるよう、少し緩めに取り付ける。

5×5mmの角棒

【指導上の留意点】

○光源はプロジェクターやOHPを使用します。この遊びは室内を暗くして，演じる側と観客の間についたてを立て，薄いカーテンを張って背後から光を投影します。子どもの目線や高さなどに注意することと，室内を暗くする時の安全面に配慮しましょう（図表4－4）。

○園児にとって，影絵遊びは場所・空間の珍しさもありますが，光と影の遊びにとて

図表4-4　影絵発表会の舞台設定

乳児には事前に部屋が暗くなることを伝えておく。急に部屋を暗くすると泣き出す子どももいる。

舞台は白いキレを衝立になり、たるまないように両サイドを補強する。

プロジェクターとノートPCを使い、背面から光を当てる。

写真4-5　さるかに合戦

も興味を示します。プロジェクターとカーテンの間に入って絵人形の顔を正面・側面と回転させます。前後に動いて作品を大きくして遊ぶなど，園児のごっこ遊びからは，知らず知らずのうちに平面を立体的にとらえている姿（動き）が見られます（写真4-4）。

○劇遊びは，ごっこ遊びを十分に楽しんだ後に行いましょう。自分ではない別の物語の主人公になって，身体全体で遊ぶことや楽しさを味合わせます。

○影絵は影そのものの持つ空間の神秘性に魅力があり，暗闇の中で動く光と影のお話は，観ても演じても子どもに喜ばれる教材であるといえます。役割と出し方の順序やルールを決めて練習することが望ましいです。

◆実践例3　『凧揚げの遊び』

<対象年齢> 4歳児以上　<関連分野>造形表現・身体表現

　空の芸術ともいわれる凧揚げは，古くは日本の平安朝以前に中国から伝わり，遊んでいたと伝えられます。5月の鯉のぼりと同じ時期，子どもの成長を願って大凧揚げをする風習は全国各地で今も見られます。風を受けて高く飛ばそうとする凧作りとその遊びは空間性と立体感覚が必要とされ，子どもは興味を持って遊ぶでしょう。

【ねらい】

① 飛ばして遊ぶ材料に目を向け，工夫しながらつくる。

② 動物の顔や形などを想像して描き，描いたものが空高く揚がる楽しさに気づかせる。

③ 子ども同士で声を掛け合い協力して凧を揚げ，風で揚がり浮くことに興味を持って遊ばせる。

第1章
第2章
第3章
第4章
第5章

図表４−５

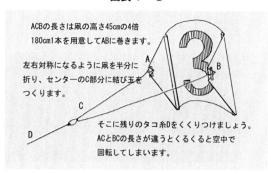

ACBの長さは凧の高さ45cmの4倍
180cm1本を用意してABに巻きます。

左右対称になるように凧を半分に
折り、センターのC部分に結び玉を
つくります。

そこに残りのタコ糸Dをくくりつけましょう。
ACとBCの長さが違うとくるくると空中で
回転してしまいます。

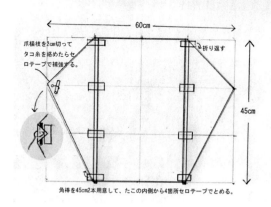

爪楊枝を2cm切って
タコ糸を締めたらセロ
テープで補強する。

折り返す

60cm

45cm

角棒を45cm2本用意して、たこの内側から4箇所セロテープでとめる。

【準備・環境づくり】

〈準備〉

〔ぐにゃぐにゃ凧について〕（図表４−５）

○ポリ袋（30ℓまたは40ℓ）　○角棒　約５×
５×450mm２本　○たこ糸　○セロテープ
○カラーペンまたはマジック　○はさみ

〔ダイヤ凧について〕（図表４−６）

○ポリ袋（70ℓまたは90ℓ）　○約５×５×
600mm１本　○たこ糸　○セロテープ
○半紙またはＡ３コピー用紙　○カラーペン
またはマジック　○はさみ

図表４−６

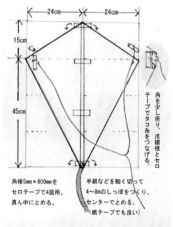

24cm　　24cm

15cm

45cm

角棒5mm×600mmを
セロテープで4箇所、
真ん中でとめる。

半紙などを細く切って
4〜8mのしっぽをつくり、
センターでとめる。
（紙テープでも良い）

角を少し折り、爪楊枝
とセロテープでタコ糸
をつなげる。

【つくり方・プロセス】

①ぐにゃぐにゃ凧は，ポリ袋など規定のものを使
うと１枚から２人分を作ることができる。②図表
４−５のように横60cm×高さ45cmの場合はま
ず全体を切り取り，図表４−７のように半分に折
る。③保育者は１/３と１/２のポイントに線を
つけておくと，子どもは切りやすい。子どもはハ
サミでその部分を切るだけで左右対称の形が取れ
る。④真ん中の四角形にマーカーで好きな絵を描
く。⑤角棒45cmを２本それぞれの角に合わせて
置き，セロテープで留める。⑥セロテープがはみ

図表４−７

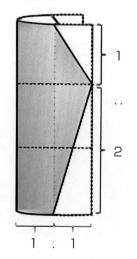

1

1

2

1 ： 1

出したところは折り返す。⑦左右のとがった角を少し折り返して楊枝を20mmはさみ，セロテープで留める（図表4－6，4－7）。⑧付けた楊枝の内側に穴を開けて，タコ糸を通して"ふた結び"をする。⑨左右の糸は角棒の長さの2倍（ここでは90cm）にする。⑩糸は左右対称でないといけないため，凧を半分に折って最後に中央の結び玉をつくる。⑪結び玉の中に持ち手の凧糸（風が強いと高く揚がるので，長さを決めておくと良い）をつなげる。⑫風を受けて揚がるかどうか，2，3m持って練習しても良い。

【指導上の留意点】

〔制作時〕

　○ぐにゃぐにゃ凧の左右の三角形部分は，風を受けると絵が見えにくくなります。なるべく真ん中の四角形に，大きくはっきりとした絵を描きます。カラーペンで色をつけると綺麗です。○角棒が2本入るので，顔などを描く場合は目が消えないように気をつけます。○"ふた結び"の位置の高さ，左右の糸の長さなど，対称になっていないと飛ばした時にくるくると回転してしまうので注意しましょう。

〔凧揚げをする時〕

　○園庭や公園などの広い空間で遊ばせても，子どもは凧をずっと見ながら走り出します。友達同士がぶつからないように空間（距離）を取ることと，糸が首に絡まないように，保育者は十分に配慮する必要があります。

　○凧が落ちると1人で引きずって走り，壊してしまうことが多いです。凧を揚げる瞬間は，友達に凧を持ってもらい，走り出すと同時に手を離すなど，子ども同士でペアを組ませると良いでしょう。

☆他に封筒だこ，折り紙凧などがあります。乳幼児用には，小さい凧で遊ばせるのも楽しい活動です。

2人ペアの時のたこの持ち方

◆実践例４『新聞紙のファッションショー』

<対象年齢>３歳児以上　<関連分野>造形表現・身体表現・音楽表現

太古から人間は五穀豊穣を祈って仮面をつけて踊り舞う風習がありました。動物に化けて槍を持ち，近づいて獲物を獲るという狩猟をしていました。強くなりたい・神秘の力を得たいと願う変身願望が，人間の本質としてあるようです。幼児期においても，子どもはヒーローや動物になって戦うなどのごっこ遊びが大好きです。草花で王冠や指輪をつくり遊んでいます。身近な素材（新聞紙など）を使って自由な発想のもとに変身する「新聞紙のファッションショー」は，子どもの協同性を養い，想像力をかき立てることでしょう。

【ねらい】

① 変身したいものやなりたいものを子ども同士が言葉で伝え合い，協力して持ち物や小道具をつくる。

② はさみを使わずに折ったりちぎったりして，着るもの，かぶるものや飾り付けるものを工夫してつくる（図表４−８）。

③ 変身したもののお話や動作を考えてポーズを決める。曲に合わせて踊る・歩くなど，表現して楽しむ。

図表４−８

新聞紙を縦目にちぎってスカートやひらひらにする

【準備・環境づくり】

〈準備〉　○新聞紙　　○広告チラシ　　○セロテープ　　○ガムテープなど

〈環境づくり〉　３〜４人のグループに分かれる。なりたいものや変身した時の物語について，友達と全員でテーマを１つに決めて話し合います。

【つくり方・プロセス】

① ３，４人のグループに分かれて，着飾るテーマ（物語の主人公や動物，ヒーローなど）と着る人（モデル）を話し合う。

② なるべくはさみを使わずに，やぶる・ちぎる・くしゃくしゃに丸める・折る・編むなど両手を使って，さまざまな新聞紙の表現を楽しむ（手の巧緻性を高める）（写真４−６）。

写真４−６

織り込む，ちぎるなどのさまざまな表現を見本として見せても良い

③　新聞紙を体の上下につなげるなど，セロテープで留めて巻きつける。

④　帽子や持ち物，小道具などをつくる（写真４－７）。

⑤　新聞や広告の色のついた部分をちぎって貼るとアクセントになる。

⑥　広い空間で曲に合わせて歩き，ファッションショーを行う。

⑦　工夫した所や見てもらいたいポーズ・物語の場面を決めて発表する。曲に合わせて踊っても良い。

写真４－７　持ち物　小道具

手元には杖やバッグ，頭には帽子や王冠など

【指導上の留意点】

〔制作時〕

　○新聞紙を使って造形遊びをするなど，普段から紙のさまざまな素材に触れて，折る，つなげるなどさまざまな表現活動をしておくと良いでしょう。

　○新聞紙は縦目と横目があり，縦は思い通りにちぎれますが横は曲がった方向になります。実際にちぎって見せるとわかりやすいでしょう。

　○服に巻き付けるベストやドレスなど，ベースになる所からつくります。そして，肩やスカート，帽子に持ち物といった，大きいところから順に小さいものへと目を向けさせるとイメージに添った作品が作りやすいでしょう。

　○新聞紙を身体に巻き付けると動きにくくなるので，息苦しくなっていないか安全面に配慮します。

　○折り込み広告や２色刷りの新聞紙から色を選んで，カラフルなボタンに使うなど，早く出来たグループには色にも気づかせると良いでしょう。

　○子どもの発した言葉や会話に耳を傾け，「こうしたらもっと良いよ」など工夫できるヒントを伝え合うと良いでしょう。

〔ファッションショー〕

○ショーのために並ぶ際は，新聞紙で着飾っているので動きにくいです。ゆっくりと歩くように促します。

○教室，廊下などの広い空間でショーを行う際，一回りさせて背中側の作りや細かい部分にも気づかせると良いでしょう。友達同士がぶつからないようになるべく広い空間を使いましょう。

○頑張ってつくったところ，見てもらいたいところを言葉により伝え合うと新たな発見が生まれます。

○友達同士で，表現する過程や表現する喜びを味わいます。発表の中で物語のポーズや曲に合わせて踊るなど工夫して楽しむと，達成感にもつながるでしょう。

○音楽に合わせて回ってみる，動いてみるなど，音楽表現，身体表現の活動にもつながります。

教員・保育士養成課程の大学生による新聞紙のファッションショー

まとめ

　日常の心を動かされる出来事などに触れ，感性を働かせる造形表現の活動として，『芯材を用いた紙工作』『仕掛けのある影絵遊び』『凧揚げの遊び』『新聞紙のファッションショー』の４つの実践例を取り上げました。「協同性」「思考力の芽生え」「自然との関わり」「社会生活との関わり」「健康な心と体」「言葉による伝え合い」などの"幼児期の終わりまでに育って欲しい姿"がこれらの活動に深く関わっています。美しいと思う心，感じたことや考えたことを自分で表現する「豊かな感性と表現」を幼児期にこそしっかりと育てていきたいと考えます。またこれらの題材は小学校就学時の具体的な姿をねらった活動でもありますが，小学校の教育課程にも活用できると考えます。

第2節　身体表現

　本来，体を動かすことは楽しいものです。その楽しさを感じられる子どもを育てるために，保育者は何を考えればよいのでしょうか。ここでは，子ども達の豊かな感性に支えられた身体表現の事例を３つ取り上げます。保育者はどのようなねらいをもって，どんなことに配慮すればよいかを考えてみましょう。

◆実践例１「大工のきつつきさん」　　　　　　　　　＜対象年齢＞４歳児以上
　音楽や言葉と「動き」を協応させ，表現する楽しさを味わえる題材です。子ども達のイメージを膨らませることにより，オリジナリティあふれる遊びへと展開することが可能になります。「森」や「きつつき」をキーワードとして，領域「言葉」や「環境」との関連を図った保育につなげましょう。

【ねらい】
　◎元気に歌を歌ったり，リズムに合わせて，身体を動かすことの楽しさを感じる。
　◎イメージを広げながら，ストーリーの展開に沿った動きを身体で表現する楽しさを味わう。

【準備・環境づくり】
　きつつきの写真，声，木をつつく音
　森や自然を題材とした絵本（例）『もりのなか』マリー・ホール・エッツ（ぶん/え）

【保育の流れ】
　① 絵本を読み，森のイメージを広げる。
　② 森にどんな動物が住んでいるか話し合う。
　③ きつつきがどんな鳥なのか，写真や音などを使って，説明する。
　④ 「大工のきつつきさん」を歌えるようにする。
　⑤ 「大工のきつつきさん」に動作を加える。
　⑥ 「大工のきつつきさん」にストーリーと動きを加える。

大工のきつつきさん

オーストリア民謡
作詞：不明

【遊びの過程】

（1）歌をうたう。

♪「しずかなやまごやに　ひびくうたはだいくのきつつきさん　せいだすうた」

（2）基本の動作を覚える。

♪「ホールディーヤー　…A

　ホールディヒヒヤ　ホールディクック（☆）　　　…B

　ホールディヒヒヤ　ホールディクック（☆）　　　…B

　ホールディヒヒヤ　ホールディクック（☆）　　　…B

　ホールディヒヒヤ　ホー」…C

【基本の動作】

(A) ひざをパタパタと
たたく

「ホールディーヤー」

(B) ひざを1回
たたく

「ホール」

(B) 手をパチンと
たたく

「ディヒ」

(B) 指パッチン
する

「ヒヤ」

(B) ひざを1回
たたく

「ホール」

(B) 手をパチンと
たたく

「ディ」

(B) キツツキのくちば
しのまねをする

「クック」☆

(C) ひざをパタパタと
たたく

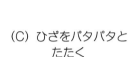

「ホー」

（3） ストーリーと動きを加える。

一度歌い終わるたび，指導者がストーリーを語り，基本の動作の☆に言葉と動き
を加えていく。

① 「大工のきつつきさんが森でトントントントンとおうちを建てていると，きつつき
さんの目の前を，誰かが"サッ"と通り過ぎました。」
基本の動作に加え，☆のところで，「サッ」と言いながら，両手を右から
左に振る（以下，同じように☆に言葉と動作を加えていく）。

② ①のセリフ＋「きつつきさんは，誰かわからなかったので"ハッ"と驚きました。」

　　　　　　基本の動作＋☆「サッ」，

　　　　　　　　「ハッ」（両手を広げた驚きの様子を加える。顔も驚く表情）

③　①，②のセリフ＋「よーく見てみると，通り過ぎたのはお友達のリスさんだったので，"ホッ"としました。」

　　　　　　基本の動作＋☆「サッ」，「ハッ」，

　　　　　　　　「ホッ」（両手で胸を押さえ，ホッとした表現を加える）

④　①〜③のセリフ＋「きつつきさんはリスさんに"ヨッ"と挨拶をしました。」

　　　　　　基本の動作＋☆「サッ」，「ハッ」，「ホッ」，

　　　　　　　　「ヨッ」（右手を上げて，挨拶の表現を加える）

⑤　①〜④のセリフ＋「リスさんはきつつきさんから挨拶してもらったので"ニコッ"としました。」

　　　　　　基本の動作＋☆「サッ」，「ハッ」，「ホッ」，「ヨッ」，

　　　　　　　　「ニコッ」（両方の人差し指をほほの横に添え，笑顔になる）

⑥　①〜⑤のセリフ＋「きつつきさんはリスさんの笑顔があまりにもかわいかったので，"チュッ"と投げキッスをしました。」

　　　　　　基本の動作＋☆「サッ」，「ハッ」，「ホッ」，「ヨッ」，「ニコッ」，

　　　　　　　　「チュッ」（両方の手のひらを口に当て，投げキスをする）

【バリエーション】

　登場人物をうしの花子さんとして，以下のストーリーと動きを加えてもおもしろいでしょう。

　①・②　上と同じ。

　③　「よーく見てみると，通り過ぎたのはうしの花子さんだったので，"ホッ"としました。」

　④　「うしの花子さんはきつつきさんを驚かしてしまったお詫びに，花子さんのミルクを"キュッキュッ"と絞らせてあげました。」

　⑤　「きつつきさんは，と〜ってものどが渇いていたので，搾った牛乳を"ゴックン"と一気に飲んでしまいました。」

　⑥　「そのミルクがと〜ってもおいしかったので，きつつきさんはうしの花子さんにお礼のキッスを"ブチュッ"としました。」

※子ども達と話し合い，登場人物を「ウサギ」や「クマ」などに変えてみたり，ストーリーや動作を工夫するとより面白い題材となります。

◆実践例2「ぞうさんとくものす」　　　　　　　　<対象年齢>2歳児以上

　子どもを観察すると，さまざまなものになりきって，イメージを膨らませながら遊んでいる様子をみかけることがあります。この題材では，「ぞうさん」と「くものす」という意外な組み合わせからイメージを広げ，音やリズムに合わせた身体活動を行うことによって，表現することの楽しさを味わうことのできる遊びとなっています。領域「言葉」や「人間関係」との関連を図った保育につなげましょう。

【ねらい】
　◎ぞうさんの歩き方を身体で表現することを楽しむ。
　◎保育者や友だちと一緒につながって遊ぶ楽しさを味わう。

【準備・環境作り】
　ぞうさんのお面，椅子か座布団

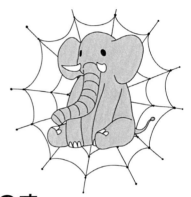

【保育の流れ】
　① 「ぞうさんとくものす」の手遊びをする。
　② 「ぞうさんとくものす」の集団遊びをする。

ぞうさんとくものす

作詞・作曲：不詳

1.ひとり のぞう さん
2.ふたり のぞう さん
3.さんにん のぞう さん
4.よにん のぞう さん　｝くものすに　かかってあそんで おりました
5.ごにん のぞう さん

1〜4.あんまりゆかいに なったので　もうひとりおいでと よびました　「〇〇ちゃん」
5.あんまりおもたくなったので　くものすパチンと されました

【遊びの過程】
　① 手遊び
　　♪「ひとりのぞうさん　くものすに」
　　　左手を「パー」にしておく。歌いながら右手の親指を振りながら左手に近づける。

♪「かかってあそんでおりました。」
　　右手の親指を，「パー」にしてある左手の親指にかける。
♪「あんまりゆかいになったので」
　　両手を左右に揺らす。
♪「もうひとりおいでとよびました。」
　　親指を振りながら，親指を身体の後ろに動かす。
＊２～４番
　　２番は親指と人差し指，３番は親指，人差し指と中指，４番は親指，人差し指，
中指と薬指を使って，１番と同様に遊ぶ。
♪「ごにんのぞうさん　くものすに」
　　左手を「パー」にしておく。歌いながら「パー」にした右手を振りながら左
　　手に近づける。
♪「かかってあそんでおりました。」
　　右手を親指から順番に左手の「パー」にかける。
♪「あんまりおもたくなったので」
　　両手を左右に揺らす。
♪「くものすパチンときれました。」
　　からめてある両手を離す。
②　集団遊び
　　＜隊形＞

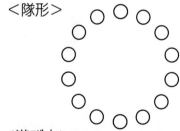

　　＜遊び方＞
　　①　ぞうさんを１人決める（人数が多い場合は，ぞうさんの数を増やすと良い）。
　　②　ぞうさんは，歌を歌いながら，円の中を歩く。
　　③　「もうひとりおいでとよびました。」のあとで，友達を１人，名指しする。
　　　　名指しされた子どもは，ぞうさんの肩に手を乗せ，ぞうさんにつながる。
　　④　②と③を繰り返し，全員の子どもがぞうさんとつながる。
　　⑤　「…くものすパチンときれました。」のあとで，全員，つながっていた手
　　　　を離し，その場に倒れる。

【バリエーション】
① ぞうさんを1人決め，ぞうさん以外の子どもは，円形に配置した椅子に座る。

② ぞうさんは，右のような足の動きをしながら前に進む。

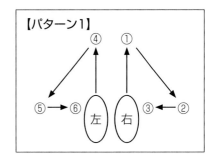

※〔パターン1〕 両足をそろえてから，右図の動きをする。

① （右足）「ひと」→② （右足）「りの」→③ （右足）「ぞうさん」→
④ （左足）「くも」→⑤ （左足）「のす」→⑥ （左足）「に」

※〔パターン2〕 両足そろえて，前，後ろにジャンプする。

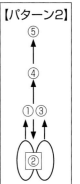

① （前）「かかって」→② （後ろ）「あそんで」→
③ （前）「おり」→④ （前）「まし」→⑤ （前）「た」
「①あん②まり③ゆかいに④なっ⑤たの⑥で」（パターン1の動き）
「①もうひとり②おいでと③呼び④まし⑤た」（パターン2の動き）

③ 「もうひとりおいでと呼びました。」のあとで，友達を1人，名指しする。名指しされた子どもは，ぞうさんの肩に手を乗せ，ぞうさんにつながる。つながったまま，②の動きをぞうさんと一緒に行う。全員の子どもがぞうさんとつながるまで繰り返す。

④ 「…くものすパチンときれました。」のあとで，つながっていた手を離し，フルーツバスケットのように，自分の座席を急いで確保する。確保できなかった人が次のぞうさんになる。

◆実践例3「3びきのこぶた」　　　　　　　　　　　　＜対象年齢＞4歳児以上

子どもの遊びにストーリーや役割を加え，子どものイメージや感性を豊かにしていくことのできる題材です。領域「健康」や「人間関係」との関連を図った保育につなげましょう。

【ねらい】
◎友達と一緒にルールを守りながら，身体を動かして遊ぶ楽しさを味わう。
◎こぶたやおおかみになりきり，さまざまにイメージを膨らませながら遊ぶことを楽しむ。

絵本や紙芝居「3びきのこぶた」
マット3枚，わらの家，木の家，レンガの家マーク

3びきのこぶた

作詞・作曲：不明

【保育の流れ】
① 「3びきのこぶた」の手遊びをする。
② 絵本や紙芝居の読み聞かせを楽しむ。
③ 保育者がおおかみ役，子ども達がこぶた役になり，追いかけっこをして遊ぶ。

【遊びの過程】
① 手遊び
♪「ズンチャ　ズンチャ　ズンチャ　ズンチャ」
　　手をグーにして両手を曲げ，曲にあわせて4回，ひじを上下に動かす。
♪「3びきのこぶたの1ぴきが1ぴきが」
　　指を3本立てる→1本指で鼻を指す→右手を1本にする→左手を1本にする
♪「わら（木，レンガ）のおうちをたてました」
　　両手でおうちの形を2回作る。
♪「トントントン　トントントン」
　　右手で3回，左手で3回，ノックする真似をする。
♪「おおかみがきて」
　　両手の指を軽く曲げて，おおかみの手を作り，上下に4回動かす。
♪「ふーっとふいたら」
　　両手を口の横に持っていき，ふーっと息を吹きかける。
♪（1番と2番）「わら（木）のおうちはぺっちゃんこ」
　　両手でおうちの形を作ってから，両手を叩く。
♪（3番）「あれ～っ？」＋♪「ふーっとふいたら」＋「あれ～っ？」＋♪「ふーっとふいたら」
　　右手はあごの下，左手は右手のひじに添え，首をかしげて不思議そうな表情をする。
♪（3番）「レンガのおうちはだいじょうぶ」
　　両手でおうちの形を作ってから，右手を左胸，左手を右胸に重ねる。
♪（3番）「あ～よかった」
　　両手を使って顔の前で大きく輪を描き，ホッとした表情をする。

② 集団遊び

<隊形>

<遊び方>

・できるだけ離れた場所に，わらの家，木の家，レンガの家に見立てたマットを準備する（マットに目印となるマークを付けておくと良い）。

・こぶた（子ども達）は，好きなお家（マットの上）に入る。

・おおかみ（保育者）が「わ，わ，わ，わら」と言うと，わらの家にいたこぶた達は，「助けて〜」と言いながら，木の家かレンガの家に逃げる。こぶたがおおかみに捕まってしまったら，保育者と一緒におおかみになる。

・全員おおかみになってしまったら，終わりとなる。

※遊びのポイント

・慣れてきたら，捕まってしまったこぶたはおおかみとなり，今までおおかみ役だった保育者や子どもはこぶた役にすると良いでしょう。

・おおかみ（保育者）がレンガの家を襲うときは，「ここにすきまがあったぞ」や「この家からおいしそうなこぶたの匂いがするぞ」などと言いながら，イメージを膨らませる言葉がけをするとおもしろくなります。

まとめ

　音楽に合わせて身体を動かし，友達と一緒にイメージを膨らませながら遊びを展開できる実践例を紹介しました。いずれも，遊びへの期待が高まるような言葉がけを行い，子ども達が興味・関心を持つように働きかけることが大切となります。保育者が子ども達のイメージを共感し，遊びがより楽しくなるような工夫を加えることにより，オリジナルの遊びへと発展させることが可能となります。

第3節　音楽表現

　表現することが楽しい，やってみたいと思う気持ちを育てるために，保育者としてどんな視点を持ち援助することが大切でしょうか。音楽表現として単に歌って演奏するだけでなく，そこに至るまでの進め方やねらいを，次の4つの実践例から見ていきましょう。

◆実践例1『イメージを育てる「ひらいた　ひらいた」の表現活動』
　　　　　　　　　　＜対象年齢＞3歳児以上　＜関連分野＞環境・音楽表現・言葉

　わらべうたを歌って遊ぶだけでなく，種から植物が成長して花が咲く様子を，子どもがイメージして楽しく表現することをねらいとしています。

【ねらい】
　◎見えない種をもとに，音と動きで植物が成長して花が咲く様子を表現することを
　　楽しむ。
　◎「ひらいた　ひらいた」を歌って楽しむ。

【環境づくり】
　お散歩に行ったら，公園や道ばたに咲く草や花を観察し，種がどうやって成長するのか話しておく。（10の姿　自然との関わり）

【準備するもの】
　花の種（朝顔の種，ひまわりの種など）　れんげの花の写真
　ギロなど打楽器

【進め方】
　①　「ひらいた　ひらいた」と子どもに歌いかける。
　　　何回か繰り返す♪
　　　「なーんのはーながひーらいた？」と子どもに聞く。
　　　「これから，○○の花をみんなで咲かせましょう」

② 本物の花の種を見せる。
　この種を土に植えて水をあげて，お日様の光をもらうと芽が出て花が咲くことを伝える。土を掘る動きをしながら，見えない種を植える。

③ 「みんな，土の中の種に変身します。」
　と言って，体を小さくして土の中でじっとしている様子をする。

④ 「種が育つようにお水をあげましょう。」
　と言って，じょうろで一人一人に水をかける動作をする。

⑤ 「すくすく伸びてつぼみがふくらんできました。」と言いながら，保育者がギロなどの楽器を使って種が成長する様子を音で表現する。

⑥ 「そして，花が咲きました。」
　「何色のお花かな。どんなにおいかな。」と花のイメージが膨らむように聞く。
　（発展　イメージしたお花の絵を描く）

⑦ 「ひらいたひらいた」のれんげの花の写真を見せる。
　みんなで「ひらいた　ひらいた」の歌をうたう。

⑧ 手をつないで輪になり，歌に合わせて輪を大きくしたり小さくして遊ぶ。

ひらいたひらいた

わらべうた

ひらいた　ひらいた　なんのはなが　ひらいた　れんげのはなが　ひらいた
ひらいたと　おもったら　いつのまにか　つーーぼんだ

ふれあいあそび・わらべうた

　「なべなべそこぬけ」や「ひらいたひらいた」などのわらべうたは，作者は不詳ですが伝統的に子どもの遊びの中で伝えられ，現在も遊びの中で歌い継がれています。言葉に沿ったリズムと単純な音組織の旋律から成り，身体動作と一緒に歌われるものが多くあります。

　わらべうたは下の図のように5領域と広く関わっています。

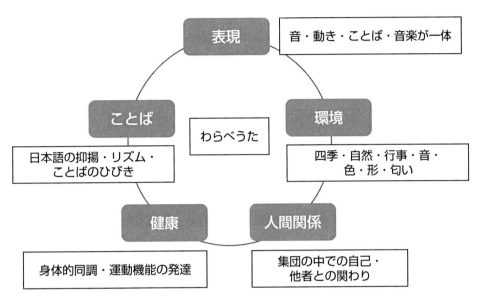

　外山 (2012) は，幼児教育について「おっぱいで体が大きくなっていくように，ことばは心の糧で，それによって心が育つのである。」「人間にとって，声のことばは文字や文章よりもはるかに，ずっと大事である。」と，特に乳児の時にたくさん話しかけることが，子どもの聞く力や五感を育てることにつながると述べています。

　養育者や保育者が乳児の顔を見ながら，ゆっくり，やさしく，繰り返してことばをかけることで，その声の調子を感じ取り，目と目をあわせた通じ合いから心が育っていくのです。0〜1歳児は，身の回りの物や人の様子からいろいろなことを感受していますから，乳幼児期にはふれあいあそびが大切です。

まとめ

　園庭や公園の花を見る機会に植物の成長の様子を話し，実際に花の種を見るなど自然に親しむ環境を整えることは，子ども達の感性を育てるうえで大切な援助になります。また保育者が楽器で表した音を聞いて植物が伸びる様子を身体で表現したり，手をつないで一緒に歌うことは，他者との一体感を感じて楽しい気持ちを生み出します。

◆実践例２ 『手遊びつくろう－「おべんとうばこのうた」から－』
<対象年齢>３歳児以上　<関連分野>言葉・音楽表現・身体表現

「おべんとうばこのうた」の歌詞を子ども達の好きな食べ物を作る歌に変え，動きも工夫してオリジナルの表現を楽しみます。

【ねらい】

◎「おべんとうばこのうた」の手遊びを楽しむ。

◎おべんとうばこの代わりの入れ物や中身を考えて，オリジナルの手遊びを作って楽しむ。

【環境づくり】

おべんとうや好きなおかずについて話したり食べ物に関心を持たせ，おべんとうが楽しみになるような雰囲気づくりをする。（領域「健康」食べ物への興味関心）
造形表現としておべんとうばこの中身を作る場合は，空き箱，折り紙，毛糸，新聞紙，のり，はさみ等を用意する。保育者が見本として作っておくとよい。（表現の発展）

【進め方】

① 保育者が「おべんとうばこのうた」を歌いながら手遊びをやって見せ，一緒に真似るよう声をかける。

② 手遊びができるようになってから，おべんとうばこの代わりの入れ物に好きなものを入れる歌を作ることを提案する。

（例）・お鍋におでん　　・お皿にサンドイッチ

③ 子ども達からアイディアをもらって，ことばにあった動きも考えながら，保育者がまとめる形で一緒に作っていく。

例 「これっくらいの　おおなべに　たまごとだいこん　ちょっと入れて」など歌詞を作って歌いながら，大きなお鍋やぷるぷるのこんにゃくを身体で表現する。

学生の作品例

なべなべそこぬけ

わらべうた

な　べ　な　べ　そ　こ　ぬ　け

そ　こ　が　ぬ　け　た　ら　か　え　り　ま　しょ

〔発展〕

　考えた歌詞の中にお鍋がでてきたら，「なべなべそこぬけ」のわらべうたを歌って遊ぶのもよいでしょう。また，大きな紙にお鍋の絵を描き，自分の好きなおでんの具の絵を描いたり，いろいろな素材で具を作って貼りつけておでん鍋を作るなど，広がりのある活動が考えられます。

まとめ

　「何がいいかな」と自分で考えたり，友達の言葉を聞いて気が付くなどの場面で，言葉による伝え合いや思考する力が育ちます。また，みんなで一緒に考えることの楽しさや，歌が出来上がった時のうれしい気持ちが，物事に取り組む意欲や集中力を育てることにつながります。

◆実践例３『お箏の音色に親しむ表現活動―箏でお名前―』

<対象年齢>３歳児以上　<関連分野>環境・言葉・音楽表現

　保育の場でも，わが国や地域社会の文化や伝統に親しむことが求められています。日本の伝統的な楽器にはそれぞれ固有の音色がありますが，ここではお箏の音色に親しむ例を紹介します。

【ねらい】

◎箏の音色を楽しむ。

◎箏の音色やリズムに合わせて保育者の呼びかけにこたえることを楽しむ。

【準備するもの】

箏１面

【進め方】

① 保育者に向かい合うように，子どもは半円になって座る。

② 保育者が箏の七と六の弦を弾きながら「○○ちゃん」と子どもの名前を呼び，子どもが「はあい」と返事をする。

この時，「はあい」の言い方を「はーあい」など工夫させてもよい。

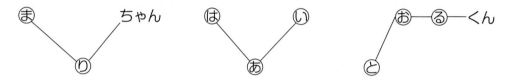

【ポイント】

右手の親指に爪を付けて，七と六の弦をしっかり響かせる。

子どもの顔を見てはっきりと呼びかける。

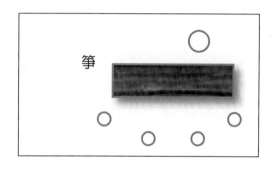

【発展1】

箏が2面用意できれば，名前を呼ぶリレーができます。

箏で名前を呼ばれたら，呼ばれた人は別の箏で七と六を弾きながら「はあい」と返事をして，すぐに箏を弾きながら次の人の名前を呼びます。最後の人は先頭の人の名前を呼び，先頭の人が「はあい」と箏で返事をしたら終わります。

子どもが弾くことが難しい場合は，保育者が子どものことばに合わせて弾くとよいでしょう。

【発展2】

箏でお返事の活動を楽しんだら，「なべなべそこぬけ」などわらべうたを歌って遊びましょう。

この時に保育者が箏の二と一の弦を交互に弾いて伴奏にすると，より日本的な雰囲気が醸し出されます。また，子どもがそれぞれ1つの弦を受け持って親指と人差し

指で弦をつまんではじき，交互に音を出してみるのも，楽しくやりがいを感じる活動になるでしょう。

（伴奏の例）な　べ　な　べ　そーこぬけー　そーこが　ぬけたら　かえりましょ
　　　伴奏 ⊖　　⊖　　⊖　　⊖　　⊖　　　　⊖　　　　⊖　　　　⊖

二と一の弦を，爪をつけずに中指か薬指の腹で交互にはじくように弾く。

まとめ

　箏の音色が響くと，室内が急に日本的な雰囲気になるようです。自分に向けられた保育者の呼びかけの声と箏の音色に耳を傾けることは，子どもの五感に働きかけ，保育者とのつながりをしっかり感じさせることにつながります。
　また，箏の伴奏でわらべうたを歌うと，ピアノの伴奏とは違った味わいを感じることでしょう。子ども達にとって，このような体験が日本の文化に親しむことにつながるのです。

箏を弾く前の準備・知っておきたいこと
〔爪のつけ方〕

　・爪は右手の親指・人差し指・中指につけますが，初めは親指に１つはめるだけでも十分です。
　　生田流は角爪，山田流は丸爪ですが，用意できるものでかまいません。

〔構え方〕

　・生田流は箏に対して少し斜めに座りますが，山田流は箏に対して，まっすぐ前を向いて座ります。

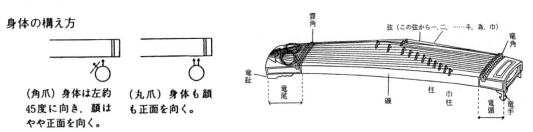

出所：中等科音楽教育研究会編『改訂版 最新中等科音楽教育法』音楽之友社，2020より

〔柱の立て方〕

・左手で箏の弦を少し持ち上げ，右手で柱の中央を両側からはさむように下のほうを持って，柱の上部のくぼみに弦をのせます。

・一の糸の柱と巾の糸の柱（巾柱（きんじ）と言い，特殊な形です）は，傾いた状態が定位置です。

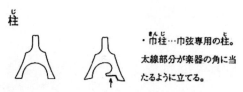

出所：中等科音楽教育研究会編『改訂版 最新中等科音楽教育法』音楽之友社，2020より

〔調弦〕（相対音高）

「さくらさくら」を弾くとき

「わらべうた」を弾くとき

◆実践例４ 『日本の楽器のことばを楽しもう－わらべうたといっしょに－』

<対象年齢>３歳児以上　<関連分野>環境・言葉・音楽表現

　保育の場に本物の和楽器がなくても，日本の音楽を楽しむことができます。「ドンドンカッカ」といったら，盆踊りやお祭りなどで見る太鼓の音が思い浮かぶのではないでしょうか。

　「ドンドンカッカ」のように，日本の楽器には箏や三味線などそれぞれに楽器のことばがあります。これを「唱歌（しょうが）」と言い，その楽器の音色やリズム，奏法など音楽全体を表しています。

【ねらい】

　◎締太鼓の唱歌（しょうが）を楽しむ。

　◎わらべうたと締太鼓の唱歌（しょうが）を合わせて楽しむ。

【準備するもの】

締太鼓（用意できない場合は写真や図など）

【進め方】

「なべなべそこぬけ」を歌いながら遊んだ後で，この活動に入るとよい。（領域「環境」）

① 「楽器のことばをおぼえましょう。テーン　テーン　スッテンテン」と言い，すぐ真似して言うよう声をかける。調子よく言えるよう何回か繰り返す。

② 言えるようになったら，保育者が「なべなべそこぬけ」を歌い，子どもが唱歌を繰り返して合わせる。歌を歌う子どもとこの唱歌を繰り返して伴奏する子どもに分かれて合わせる。

③ 「締太鼓があるつもりで打ってみましょう。テーン　テーン　スッテンテン」と言いながら，正座して両手を撥のつもりで交互に動かし腿を打つ。
手の動きは，「テーン」で右，次の「テーン」で左，「ス」で右を上げ「テン」で上げた手を打ち下ろし，最後の「テン」は左で打つ。
・締太鼓の皮面の中心を打つつもりで手を動かす。
・見本を見せる時は子どもにわかりやすいように，保育者は反対の手で打つとよい。

④ 唱歌を言いながら打てるようになったら，歌を歌う役割と締太鼓の伴奏の役割を決めて合わせる。

【発展】

締太鼓のリズムを「テーン　テーン　スッテンテン」だけでなく，次の②③に示したように工夫するとよい。

②の打ち方

「スッ」で右手を上げ，すぐに「テン」で打ち下ろす。

次の「スッ」で左手を上げ，すぐに「テン」で打ち下ろす。

「スッ」で右手を上げ，右で「テン」続けて左で「テン」と打つ。

③の打ち方

「スッテン」は②と同じ。「テ

① テーン　テーン　スッテンテン
② スッテン　スッテン　スッテンテン
③ スッテン　テレツク　ツテンテン

レ」は右左と交互に小さく打ち，「ツ」は右の撥先を皮面につけ「ク」は左で小さく打つ。

「ツ」は先ほどと同じように右の撥先を皮面につけ音を出さない。「テンテン」は，左，右と交互に打つ。

わらべうた「なべなべそこぬけ」の伴奏として①と②を合わせると次のようになります。

なべなべ そーこぬけー
テーン テーン スッテンテン
そーこが ぬけたら
スッテン スッテン
かえりましょ
スッテンテン

まとめ

唱歌は日本語の音韻によるもので，声に出すと調子がよく，子どもでもすぐに覚えられます。

楽器が用意できなくても，撥を持ったつもりで「テーン テーン」と言いながら締太鼓を打つ動作をすることで，日本の楽器を身近に感じるでしょう。このような場の設定が，日本の文化に関心を持ち，社会とのつながりの意識を芽生えさせることにつながります。

第4節　他領域との関連を図った指導計画の実践例

保育所・幼稚園では，いろいろな場面に歌う活動が取り入れられています。しかし「〜の歌を歌いましょう」といった指示のもとに，ただ歌うのではなく，保育・指導計画を意識し，その曲から何を育てたいかのねらいをしっかり考えた指導をすることで，子ども達にとっての歌う活動の意味が広がります。そのためには，他領域とどのように関わらせるとよいかを考えてみましょう。

◆実践例１「どんぐりころころ」　　　　　　　＜対象年齢＞３歳児以上

「どんぐりころころ」の歌を通してどんぐりに関心・親しみを持ち，生活の中でどんぐりと関わる体験をすることで，他領域との関連を図った保育内容を考えてみましょう。

【ねらい】

◎どんぐりについて親しみを持ち，興味関心を持つ。

◎いろいろな種類のどんぐり拾いを楽しむ。

◎秋の歌「どんぐりころころ」の歌のイメージ，ストーリーを考えて歌う。

◎どんぐりでマラカスやオーシャンドラムを作り，歌に合わせて簡単な合奏をする。

◎どんぐりを素材にした造形表現を楽しむ。

【準備・環境づくり】

・どんぐりの図鑑，タブレット

・すでにとってきた何種類かのどんぐり

・ペットボトルや空き缶・空き箱，セロテープ

・保育者はどんぐりの歌をイメージした画像を用意し

　ておく（池にどんぐりがどんぶりこと落ちてどじょうと挨拶をしている絵，泣いてど

　じょうを困らせている絵など）。

【保育の流れ】年齢により選択

①　季節による木々の変化や，木の実のどんぐりについて話し合う（人間関係・環境）。

②　図鑑やタブレットでどんぐりを調べる（学びに向かう力）。

　　木の種類でいろんな形のどんぐりがあることを知る（自然との関わり・環境）

　　（コナラ，ミズナラ，クヌギ，カシワ，マテバシイ，カシなど）。

③　「どんぐりころころ」の歌詞をイメージして歌う（表現音楽）。

　　1番「どんぐりころころどんぶりこ」に注意⇒2番どんぐりに同情⇒3番どん

　　ぐりをどうしたら助けられるか歌詞を話し合って考える（言葉・人間関係・表現）。

　　歌詞の発音に注意して，どんぐりを思いやって歌おう（表現）。

④　どんぐりが実っている木の葉っぱも観察しながら，どんぐり拾いをする（環境・生活）。

⑤　拾ったどんぐりをペットボトルや空き缶，空き箱に入れ，マラカスやオーシャン

　　ドラムを作る（入れ物，どんぐりの大きさや形で音が変わるといった音への気づき，造形）。

⑥　「どんぶりこ」のことばのリズムで（）オスティナートのようにくりかえ

　　すなど身近な楽器や手作り楽器での合奏を楽しむ（音への気づき・音楽表現）。

⑦　集めたどんぐりでどんぐりゴマ，ブローチ，木の枝などとの作品作り（造形表現）。

⑧　どんぐりでおはじき遊びをする（人間関係）。

第1章　第2章　第3章　第4章　第5章

■ 木によって異なる形のどんぐり

★ 「どんぐりころころ」の合奏のリズム（どんぶりこを繰り返す）

◆ 実践例2「山の音楽家」　　　　　　　　　　　＜対象年齢＞3歳児以上

「山の音楽家」の歌詞を理解することで歌唱だけでなく楽器の音色を知り，替え歌，身体表現など他領域との関連を図った保育内容を考えてみましょう。

【ねらい】

◎歌詞を理解し，各楽器を演奏する音楽家になりきって表現力豊かに歌う。

◎歌詞に登場する動物，演奏する楽器を知り，その楽器の音色を聴く。

◎歌詞に出てくる動物のお面を制作し，演奏姿を考える。

◎歌詞に出てくる楽器の音を入れて歌との合奏を楽しむ。

◎3，4，5番の替え歌を話し合い，創作する楽しさを味わう。

【準備・環境づくり】

・たいこ，カスタネット，すず，バイオリン，フルート。

（用意できないときは楽器の写真）

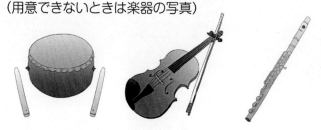

・登場動物のお面制作のための材料，画用紙，ゴム（年齢によっては保育者が用意する）。

【保育の流れ】

① 「山の音楽家」の曲をよく聴き（CDあるいは保育者の範奏）曲の中で出てくる動物と楽器，どんな音かについて話し合う（人間関係・音への関心・言葉）。
　　1番—りす・バイオリン・キュキュキュキュキュ
　　2番—ことり・フルート・ピピピピピ
　　3番—たぬき・たいこ・ポコポンポンポン

② 歌詞の中に登場する動物とその動物が演奏している様子の身体表現を，友達と話し合い決める（身体表現・人間関係）。

③ 歌詞にでてくる楽器の話をし，実際に楽器の音を出してみる。実物がなければ画像，動画などで，バイオリンやフルートを演奏している様子を見て，演奏のポーズを一人一人が模倣する（身体表現）。

④ 登場するりす・ことり・たぬきのお面を制作する。子どもの年齢によっては，保育者が前もって作っておいたお面に色を塗ってもよい。

⑤ 動物別のグループでお面をつけ，話し合った動物ポーズと楽器の演奏ポーズをとりながら，音楽家になりきったようにみんなの前で堂々と歌う。一人一人皆の前で歌ってもよい（人間関係・身体表現・音楽表現）。

⑥ 替え歌を作る（言葉）。
　　【例】　4番—こぶた・カスタネットをたたいてみましょう・タカタッタッタ
　　　　　　5番—きつね・すずを鳴らしてみましょう・リリリンリンリン
　　　　　　6番—くまさん・ピアノを弾いてみましょう・ポロロンロンロン

⑦ 歌詞の音の部分にあう楽器の音を自由に入れて歌う。カスタネットやすずなど身近に演奏できる楽器を使う（音への気づき・表現）。

【指導上の留意点】

・保育の流れは年齢，発達段階，子ども達の反応を見ながら臨機応変に取捨選択し，子ども達が無理なく楽しんで行える内容を選択する。

・楽器や動物の担当の決め方を考えておく。

・翻訳の歌詞はリズムと歌詞のフレーズが合わない場合があるので，言葉の表現を子ども達にもわかりやすいように範唱する。

（例）リズムの強拍が○印になると（わ◯しゃ　お◯がく　か◯まの◯りす）か
　　　やまのこりすになるので気をつけるようにする。
・楽器を丁寧に取り扱うよう注意をする。

山の音楽家

◆実践例３「虫のこえ」　　　　　　　　　　　　＜対象年齢＞年長〜小学生２年

　小学校指導要領「音楽」の１，２年表現の項では「歌詞の表す情景や気持ちとの関りについて気付くこと」とあり，また「生活科」では「〜具体的な活動や体験を通して〜社会及び自然との関わりに関心を持ち〜」と書かれています。音楽の指導計画の作成と内容の取扱いでも「低学年においては生活科などとの関連を積極的に図り，指導の効果をたかめる〜」と書かれています。また幼稚園教育要領の環境のねらいに「身近な環境に親しみ，触れ合う中で様々なものに興味や関心を持つ」，表現のねらいに「生活や遊び様々な体験をとおして，イメージや感性が豊かになる」とあるように他領域と関連を図った保育内容を「虫のこえ」を通して経験しましょう。

【ねらい】
　◎秋にいろいろな虫が鳴いている様子を思い浮かべながら歌う。
　◎歌詞の内容をイメージして歌い方を考える。
　◎鳴き声の部分を，自分で感じた鳴き方に変えて歌ってみる。
　◎歌詞の鳴き声の部分を，イメージに合う楽器で演奏しながら歌う。

【準備・環境づくり】
　・５種類の虫の写真，あるいは虫の図鑑，鳴き声，姿を検索できるタブレット
　・鳴き声をイメージできそうな楽器（鈴，ギロ，笛，ベルなど）

【活動の流れ】

① 「虫のこえ」の歌詞に注意して歌い，その中に何種類の虫が登場するか考える。5種類の虫の鳴き声を録音などで聴いて，何の虫かをあてるクイズにしてもよい（言語・表現・環境・生活・音楽）。

② 5種類の虫の姿と鳴き方，鳴き声を図鑑やインターネット，録音などで知る（環境・生活科・音への気づき・学びに向かう力）。

③ 鳴き方をイメージして歌い方を考える（表現・音楽）。

④ 虫の声を聴き，自分で聴き取った鳴き方を替え歌にして歌ってみる。1人ずつの発表もよい（言葉・表現）。

⑤ 鳴き声の歌詞の部分を，イメージに合う楽器の音を入れて歌ってみる（表現・音楽）。

⑥ 生活の中で，虫だけでなくさまざまな音に耳を傾けるように心がける（音への気づき）。

【指導上の留意点】

虫や鳥の鳴き声に聴き耳を立てられるよう，環境の中の音に気づく感性の育ちを大切にしたいものです。「後からうまおい」のリズムに注意しましょう。♪♪♪♪ウマオイでなく♪♬♪ウーマオイです。

第4章 表現領域　95

◇実践例４「きのこ」　　　　　　　　　　　　　　<対象年齢>４歳児以上
　秋の歌「きのこ」を季節の歌として歌うだけでなく, 身体表現する楽しさを味わう。さらに「きのこ」に関心, 愛着を持ち, 生活の中で心に残るよう, 他領域との関連を図った保育内容を考えましょう。

【ねらい】
　◎秋の食べ物「きのこ」について, 生活の中で興味関心を持ち, 愛着を感じる。
　◎リズミックで楽しい歌詞の「きのこ」の歌をイメージをもって楽しく歌う。
　◎身体で表現しながら歌う楽しさを味わう。

【準備・環境づくり】
　・きのこの図鑑, タブレット, 画用紙, クレヨン, 模造紙
　・きのこ（手に入りやすいシイタケ, シメジ, エノキ, エリンギ, マイタケ, なめこなど）
　＊実際に木からきのこが生え, 日に日に大きくなるところを観察できるとよい。

【保育の流れ】
　①　秋に採れるきのこについて話し合い, どんなきのこがあるか, どのようにはえているかを考える。きのこには食べられるもの, 毒キノコなどいろんな種類があり, 形がさまざまであることを知る（環境・生活）。
　②　図鑑やタブレットでいろんなきのこを調べてみる（興味関心を持つ・学びに向かう力）。
　③　好きな「きのこ」の絵を書く（造形表現）。描いた絵を切り取ってみんなで貼り, きのこの森の絵を作る（人間関係）。あるいは粘土で好きなきのこを作ってもよい。
　④　きのこを使った料理はどんなものがあるか話し合う。家できのこを使う料理について話し合ってくるよう伝える。買い物に家族と一緒に行き, お店でどんなきのこが売られているか見てこよう。実際に種類, 形など調べたことを皆で話し合う（健康・生活・人間関係）。
　⑤　「きのこ」の歌を, 歌詞の表現を考え楽しく歌う（言葉, 歌唱表現）。
　⑥　１番２番の振り付けを皆で考え, 体で表現する楽しさを味わう（参考図）。歌いながら踊ってみよう（身体表現・人間関係）。

【指導上の留意点】

きのこの振り付けを考える際，意見を出しあって1番2番を決める。同じ歌詞のところは同じ振り付けがよいが，1番と2番はきのこの種類を変えて表現すると楽しい。身体表現，歌唱は表現力豊かに，楽しく歌い踊れるような言葉がけをしたい。

●きのこを使った料理の例

きのこシチュー，きのこスパゲッティ，なべ，すき焼き，なめこ味噌汁，松茸ご飯，舞茸ご飯等

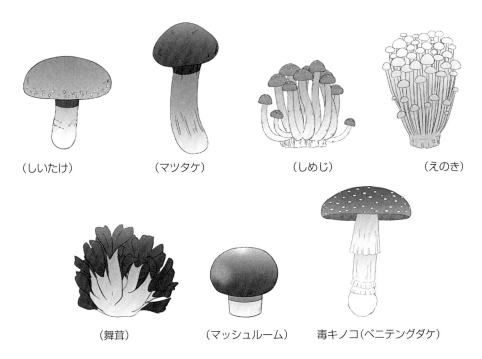

| （しいたけ） | （マツタケ） | （しめじ） | （えのき） |

| （舞茸） | （マッシュルーム） | 毒キノコ(ベニテングダケ) |

★食べられるきのこと毒きのこ（形や色を確認してみよう）

しいたけ，まつたけ，しめじ，えのき，きくらげ，えりんぎ，まいたけ，なめこ，ひらたけ，マッシュルーム，トリュフ，ポルチーニ，アミガサタケ，ベニテングダケなど

き の こ

( )は振り付け

伴奏コード

（1）ききのこ，きき
のこ（腰をひねらせ手でき
のこの形をつくる）
（1）きのこはいきてるん
だ

（2）ノコノコノコノコ歩い
たりしない（腕を振って一回
り歩く）ここまで2回繰り返
し。

（3）銀の雨雨降ったらば（両
手で上から雨を降らせる）

（4）背が伸びてくルルル
ルルルルル（座って手を広
げながら立ち上がる）

（5）生きてる生きてる生き
てる生きてる（足を交互にク
ロスステップする）

（6）ね（手は肩でグーから
伸ばしてパー）

2番も振り付けを創作してみましょう

まとめ

　どのような曲を題材にするにしても，その場の子ども達の発達段階，興味関心，
環境などにより，そのねらい・保育の流れは適宜，無理のない内容に変えていきま
しょう。
　それぞれの歌を，季節の歌だから，やさしい歌と安易に歌うだけでなく，発想を
柔軟に5領域や，保育，幼稚園教育で育ってほしい力（豊かな体験・思考力・学び
に向かう力・自立心・自然との関わり・豊かな感性など）に広がる保育内容にした
いものです。

参考資料　他領域との関連を図った実習で使える曲

指導案の目標➡ただ歌を覚え，楽しむだけでなく，その歌から何を伝えたいか，その
　歌が生活の中でどのように関われるかを考えましょう。

内容➡そのためには，歌詞の内容を理解し，子ども達に歌のイメージ，情景が浮かぶ
　ようにしましょう（パネルシアターやペープサート，写真などの工夫）。

●**替え歌が楽しめる曲➡**歌詞を理解する➡イメージをもって歌うことができる➡表現
　力の向上➡さまざまな言葉での表現が可能。
　山の音楽家・大きな栗の木の下で・おかあさん・思い出のアルバム・かわいいか
　くれんぼ・ふうせん・山のワルツ・ことりのうた・とんぼのめがねなど

●**歌詞から情景や季節感を感じる曲➡**季節の情景や行事を絵にしてみるなど，歌から
　情景，色彩を感じる。
　どんぐりころころ・真っ赤な秋・春の小川・お正月・七夕さま・ひな祭り・たき
　び・子ぎつね・ゆりかごのうた・赤とんぼ・ゆうやけこやけ・まめまき・うみ・
　こいのぼり・水あそび・七つの子・赤鼻のトナカイ・ゆき・にじ・むしのこえな
　ど

●**物語性のある曲➡**パネルシアター，紙芝居など物語を視覚的に理解する工夫をする。
　あわてんぼうのサンタクロース・雨ふりくまのこ・犬のおまわりさん・かめの遠
　足・森のくまさん・とんでったバナナ・そうだったらいいのにな・さっちゃん・
　ちびっかぶーん・おばけなんてないさ・南の島のハメハメハ・動物園へ行こう・
　しゃぼんだま・やぎさんゆうびんなど

●**リズムを感じ，体を動かす楽しさがある曲➡**体でリズムを感じ，手遊びや体表現を
　リズミックに楽しむ。
　きのこ・白熊のジェンカ・さんぽ・気のいいアヒル・幸せなら手をたたこう・線
　路は続くよ・バスごっこ・たのしいね・まつぼっくり・ホ！ホ！ホ！・アルプス
　一万尺・むすんでひらいて・とんとんとんひげじいさん・アイアイ・はたけのポ
　ルカなど

●**歌詞のイメージから歌で数字，月，曜日を覚える曲**
　すうじのうた・カレンダーマーチ・月火水木金土日のうたなど

第 **5** 章

オンラインレクリエーションの実践例

「Web会議システム『Zoom』の活用」

・・・

　新型コロナウイルス感染症（COVID-19）の影響により，人と人が触れ合う機会を減少させる必要性が生じました。子ども達は，保育所・幼稚園・小学校に登園，登校することができなくなり，自宅での自粛を余儀なくされることになりました。本来，子ども達は先生や友人との直接的なつながりの中でさまざまなことを学び，人として成長をしていくものです。しかし，オンライン環境下においても，工夫次第では人間関係を構築させ，子どもの成長を促す可能性を秘めています。

　ここでは，オンラインを利用して「自己表現」する力を育てるためのヒントとなるレクリエーションを紹介します。子ども達の達成感や満足感を引き出し，人間関係を円滑にすることができる遊びについて，学んでいきましょう。

Zoomを利用するための事前の準備・注意事項

　Zoomを利用するためには，ホスト（開催者側：保育者や教師がこれに相当します）も参加者（利用者側）も，Zoomのアプリをダウンロードした上，事前登録が必要です。アプリは，PC，タブレット，スマートフォンのいずれにおいても用意されています。なお，Zoomへの登録は無料で利用できるようになりますが，18歳未満は登録できないので，保護者の登録が必要となります。

　また，Zoomは，無料で会議を設定できますが，3人以上が参加する場合，40分の時間制限が適用されます。就学前の子どもでは，集中力を考慮すると，活動時間は40分で充分だと思いますが，小学生以上では，時間が足りないと感じる場合があるかもしれません。その場合には，40分で一度会議を終了し，再度会議を開催するなどの方法をとることも可能です。さらに，会議のホストが有料プランの場合，他の参加者が全員無料プランでも40分以上使うことができます。状況に応じた使い方を検討する必要があります。

　オンラインレクリエーションでは，双方向でコミュニケーションを図っていくことが大事です。したがって，保育者・教師の問いかけに対して，画面や音声を通して子ども達が指示された内容を理解し，PCを介して反応できる能力が求められます。幼児や低学年児童の場合は，PCスキルが不足していることから，子どもが1人で参加することは困難です。そこで，事前に保護者に対して，子どもと一緒に参加してもらえるようお願いしておく必要があります。

　一方，開催者は，参加者のカメラやマイクをオン・オフしたり，参加者をグループ分けする機能である「ブレイクアウトルーム」，資料やホワイトボードなどのPC画面を参加者に見せる「共有」などを利用し，子ども達の指導を円滑に進めていく力が求められます。事前にこのようなシステムを利用できるように準備すると良いでしょう。

　さらに，Zoomをはじめとしたオンラインでは，音声や映像の遅延（タイムラグ）が生じることがあります。したがって，参加者がリズムに合わせて素早く動作しなければならない遊びなどは，オンラインで扱う素材としてあまり適していません。このような特性を理解した利用が望ましいでしょう。

第1節　表現あそび

◆実践例１「なぞなぞ・なぞとき・○×クイズ」　　　＜対象年齢＞４歳児以上

　子どもは，なぞなぞやクイズが大好きです。なぞなぞ遊びは，想像力や集中力を養ったり，語彙力を増やす効果が期待できます。ここでは，３種類のなぞなぞ遊びを紹介します。オンラインを利用した出題の仕方を学び，子どものさまざまな力を伸ばす保育・教育へとつなげていきましょう。

【ねらい】

　◎問題の言葉をよく聞き，答えとなる物の名前を考え，推理力を養う。

　◎言葉に興味関心を持ち，言葉で表現する楽しさを味わう。

【準備・環境づくり】

　・保育者・教師が用意するもの

　　なぞなぞ，なぞとき，クイズのネタ，なぞなぞ遊びに使える効果音（ピンポーンやブッブー等）

　　チーム戦を行う場合は，集計表があると良い。

　・各家庭で用意するもの

　　紙とペン（細いボールペンなどの文字は読み取りづらいので，サインペンが望ましい）

　　○×クイズをするときは，あらかじめ○のシートと×のシートを用意してもらう。

【遊びの過程】

　＜なぞなぞ＞

　　なぞなぞを出題し，考える時間をとります。

　　回答方法は，（１）音声で答える方法，（２）紙に答えを書く方法，があります。

　　音声で答える場合は，参加者のうち１人を指名し，解答してもらうことになります。参加者が少ない場合は，音声で答える方が，コミュニケーションをとりやすいので，望ましい方法といえます。しかし，参加者が多い場合は，音声で答える方法だと解答できる機会が少なくなり，面白みに欠けてしまいます。そのような場合は，紙で答えを書く方法で解答してもらうと良いです。この場合は，参加者

全員に一斉に解答を画面上に表示してもらうことになります。答えがわからなかったときは，〇×クイズの「×」を出してもらうと良いかもしれません。このようにオンラインでは，参加者の状況を適切に見極め，できるだけ多くの参加者に関与してもらう工夫をすることが大切になります。

＜なぞとき＞
　なぞときでは，「共有」の機能を使って出題すると，スムーズに行うことができます。
① 　なぞときの問題ファイルをPC上に開きます。
② 　Zoomのミーティング画面に戻り，中央下「画面を共有」のアイコンをクリックします。
③ 　「共有するウインドウまたはアプリケーションの選択」画面に入るので，なぞとき問題を選択し，右下の「共有」ボタンをクリックします。
④ 　参加者の画面になぞとき問題が表示されます。解き終わったら，チャット機能を使って，解答するよう指示します。
　　※チャット機能は，宛先を必ず確認します。「全員」を選択すると参加者全

出題例　「下のイラストにある『？』に入るものは，何でしょうか？」

答え：土（曜日）

員にメッセージが送信され，送信したい人を個別に選択すると個人宛に
メッセージが送られることになります。
※チャット機能を使うことが難しい場合は，時間を決めてなぞときを行い，
　共有画面を終了してから回答する方法を用いると良いでしょう。

<〇×クイズ>
　子ども達の知識を問う問題を出します。正解数を数えて，その数が多い子どもを
「勝ち」とします。参加者人数によっては2班に分け，正解者が多いグループの
方に1ポイントをつけ，最終的にポイント数が多いグループを「勝ち」としても
面白くなります。

幼児への出題例
　・ぞうさんの首は長い。〇か×か？
児童への出題例
　・サンタクロースが乗っているソリを引っ張っている動物はシカである。
　　〇か×か？

◆実践例2「おうちしりとり」　　　　　　　　　　<対象年齢>4歳児以上
　「しりとり」は，小さな子どもから大人まで楽しめる言葉遊びです。「おうちしりと
り」は，オンラインならではの遊びとなっていて，自宅にあるものの名前でしりとり
をしていきます。自宅にある意外なものがしりとりの名前として画面に現れ，いつも
のしりとりとは異なる楽しさを味わうことができます。

【ねらい】
　◎家にあるさまざまなものの名前に興味・関心を持ち，言葉の面白さや楽しさを味わう。

【準備・環境作り】
　ルール確認をするための資料（共有画面で資料を示し，ルールを確認しても良い）
　＜確認しておく必要のあるルール＞
　　①　最後に「ん」がつくものは，使えません。
　　②　しりとりをするものは，１分以内に探してきます（時間は状況に応じて変えても良いが，あまり長い時間だと間延びしてしまうので，注意が必要です）。
　　③　「ー」と伸びる言葉は，「あ」「い」「う」「え」「お」につなげます。
　　　　例）カレー（かれえ）→えのぐ
　　④　小さい「ゃ」「ゅ」「ょ」は，「や」「ゆ」「よ」につなげます。
　　⑤　濁音「゛」や半濁音「゜」は，付ける言葉につなげても，付けない言葉につなげも良いです。
　　　　例）「そば」→「はこ」→「ごま」

【遊びの過程】
　　①　おうちにあるものでしりとりをします。解答者は，時間内にしりとりの答えとなるものを家の中から探し，画面上にその品物を表示します。
　　②　人数が10人以上の場合は，しりとりの順番がなかなか回ってこないため，間延びしてしまいます。「ブレイクアウトルーム」を利用して，参加者をグループごとに分け，しりとりをします。
　　③　グループ分けした時は，ゲームの終了時間を決め，できるだけ多くの言葉をしりとりできたチームを勝ちとします。ブレイクアウトルーム終了後，各グループでしりとりしたものを画面で見せながら発表するなど，どんなしりとりになったかを報告しあうと全体でゲームの面白さを共有することができます。

※Zoomのグループ分け機能「ブレイクアウトルーム」

　ブレイクアウトルームの最大のメリットは，少人数になるため会話がしやすくなり，発言回数が増える点です。レクリエーションの面白さをより体感することが可能となります。

　ブレイクアウトルームを利用するためには，事前設定（Zoomミーティングの詳細で，「ブレイクアウトルームを『ON』にする」が必要となります。また，グループ人数やグループメンバー（自動割り当て・手動割り当て）を事前に決めておく必要があります。

　さらに，タイマー機能（グループワークの時間が表示され，終了時間になると自動でブレイクアウトルームを終了する）やホスト（保育者や教師）が各ルームに自由に出入りできる機能，参加者が困ったときにホストに質問できる「ヘルプを求める」機能もあります。

　このようにブレイクアウトルームは，大変便利な機能が備わっています。レクリエーションを指導する際，ぜひ活用して欲しいと思います。

◆実践例3「共通点探し」　　　　　　　　　　　　　　＜対象年齢＞4歳児以上

　「共通点探し」は，あまり良く知らないお友達を知り合うきっかけになったり，仲の良いお友達の意外な点を発見し，今まで以上に仲良くなることが期待できる遊びです。この遊びでは，人と人の心の障壁を取り除き，新たな人間関係を構築していく手がかりになることを目指していきます。

【ねらい】

　◎友達の新たな一面を発見することにより，より良い友人関係を築く。

【準備・環境作り】

　保育者・教師が用意するもの

　　参加者の人間関係を考慮し，事前に「ブレイクアウトルーム」のメンバーを決めておく。各グループは3〜4名程度が望ましい。

　各家庭で用意するもの

　　メモ用紙

【遊びの過程】

＜遊び方＞

決められた時間内にグループになった友達と共通する点を探す遊びです。

例えば，「血液型」や「好きな動物」，「朝ご飯で食べたもの」など，共通する点を
たくさん探します。グループワーク終了後，各グループで見つけた共通点を発表し
てもらいます。

まとめ

　　Zoomを利用したレクリエーションの実践例を紹介しました。幼児や低学年の児
童では，保護者のサポートが必要となりますが，オンラインにおいても工夫次第で
友達と一緒に楽しく遊び，友人関係を深めていけることがわかったと思います。ど
のような状況下にあったとしても，子ども達から笑顔がこぼれる楽しい遊びを指導
できる保育者・教師を目指して欲しいと願っています。

第2節　描画あそび

＜対象年齢＞小学生以上

　Zoomなどのオンラインを使った「共同画の動物」を描いて遊びましょう！

　オンラインのホワイトボード共有画面上で，それぞれがお題で決められた動物を想
像して，自由な表現で共同画を完成させます。ペンのタッチ，太さ，色などは「絵を
描く・消しゴム・フォー（線の幅，フォント）」などのデバイス機能を活用します。そ
の動物の特徴やポーズ，好きな食べ物など，全員が完成作品のイメージを話し合い共
有できるかが大切となってきます。分担して描くとどのような動物の世界が生まれる
のでしょうか？　それぞれの完成作品をみんなで楽しみましょう。

【用意するもの】

　Zoom などのオンライン共有画面を利用します。それぞれの WEB ツールの操作
方法を授業担当者は事前に確認しておきましょう。

【ねらい　楽しみ方】

　◎１つの画面を共有してみんなで話し合い，絵を完成させることを楽しみましょ
　　う。

学生グループ4人の共同画：子豚　　　　　スタンプや色塗り機能を活用した学生の共同画

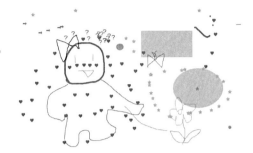

主役の猫に合わせて動物、食べ物を増やして、物
語の絵を完成させた作品例

矢印やハートマークなどのスタンプを多用した作
品例

◎グループの発表から，どの動物が上手に描かれたかをゲーム形式で楽しむのも
良いでしょう。

【遊び方】
　クラスの子どもを何組かに分割して，4,5人で1つのチームを作ります（Zoomの
画面上で分割可能な参加人数をブレイクアウトセッションで自動または任意で分割）。
①　各グループのホストが進行役になり，描きたい動物と描く順番を話し合いで決
　めます。
②　ホワイトボードを共有して，画面上部のオプション表示から「コメントを付け
　る」に全員がチェックを入れます。ホワイトボードを全員が共有してお絵かき
　が可能となります。
　※「リクエスト申請⇒ホストが許可」では，1人ずつしかイラストを描けない
　　ので，その都度，申請許可のやり取りになり手間取ります。
③　最初にホストが顔の輪郭からスタートします。2番目は身体全体，3番目は手
　足，4番目は目鼻口などの表情，5番目は尻尾や持ち物などの補足というよう
　に描いて完成させます。

④　前の人が描いた線に加工や修正はせず，自分の担当部分のみ描き足します。最後の人まで回ったら動物の絵の完成です。完成までのグループ活動持ち時間など，ルールを決めておくと良いでしょう。

⑤　ホストは絵を保存（保存先：PCのドキュメント）して，授業担当者に送信します。Zoom内のチャット機能にファイル送信がありますので，活用すると便利です。ブレイクアウトセッション解除後に，各グループのホストが絵を全体発表する方法でも良いでしょう。

まとめ

　Web授業ツールにはMicrosoft Teams，Google Meet，Skypeなどがあります。その中でもZoom機能に特化したオンラインレクリエーションを紹介しました。各ツールは利便性を求めて機能UPが加速中であり、今後それぞれが近づいていくと考えられます。更に進化したシステムが取り入れられることが予想されますが、オンラインでできる「共同遊び」を楽しんでみましょう。

引用・参考文献

【第1章】
　島田由紀子・駒久美子『保育内容表現』建帛社，2019
　小林紀子・砂上史子・刑部育子『保育内容「表現」』ミネルヴァ書房，2019
　石上博美編著『新・保育と表現―理論と実践をつなぐために―』嵯峨野書院，2019
　笠井かほる『教員養成における歌唱教材の指導についての一考察―「虫の声」から―』埼玉学園大学
　　紀要・人間学部編，第18号，2018
　井口太編著『最新・幼児の音楽教育』朝日出版，2018
　OECD, "The Definition and Selection of Key Competencies: Executive Summary" 2005
　無藤　隆『幼児期の終わりまでに育って欲しい10の姿』東洋館出版社，2018
　経済開発協力機構『図表で見る教育OECDインディケータ（2018年版）』2018
　磯部裕子『教育課程の理論―保育におけるカリキュラムデザイン』萌文書林，2003
　厚生労働省『保育所保育指針の改定に関する議論の取りまとめ』社会保障審議会児童部会保育専門委
　　員会，2016
　バウワー，T.G.R.，岡本夏木他（共訳）『乳児期―可能性を生きる』ミネルヴァ書房，1980
　萩原英敏・野田雅子『乳幼児のきこえ―生後3年の発達』信山社出版，1989
　ピアジェ，J.・イネルデ，B.『新しい児童心理学』白水社，1969
　ピアジェ，J.，大伴茂訳『児童の自己中心性』同文書院，1976
　ピアジェ，J.，大伴茂訳『児童の世界観』同文書院，1977

【第2章】
　平澤紀子『応用行動分析学から学ぶ子ども観察力＆支援力養成ガイド』学研教育出版，2012
　前田泰弘『実践に生かす障害児保育・特別支援教育』萌文書林，2019
　上野一彦『U-CANの発達障害の子の保育 さいしょの一冊』ユーキャン学び出版，2013

【第3章】
　梅澤　実『保育における「言葉がけ」』協同出版，2011
　岡崎友典・梅澤　実『乳幼児の保育・教育―乳幼児を育てるということ―』放送大学教育振興会，2019
　沢田瑞也・田代康子・小林幸子・高木和子「絵本のおもしろさの分析：内容の分析と読み聞かせ中の
　　反応を中心として」『読書科学』18，1974
　シュライヒャー，A.，一見真理子他訳『デジタル時代に向けた幼児教育・保育』明石書店，2020
　神長美津子『魅力的で特色ある園をめざして よくわかるカリキュラム・マネジメントの進め方』フ
　　レーベル館，2019

【第4章】
　広井　力『凧―空の造形』美術出版社，1974
　菅原道彦「手作りおもちゃ大図鑑」大月書店，1991
　花篤　実「幼児教育法講座 表現―絵画制作・造形―」三晃書房，1990
　神長美津子『3・4・5歳児のごっこ遊び』ひかりのくに，2017
　羽多悦子『感性と表現 造形あそびの中で豊かに育つ』学研教育出版，2011
　幼少年教育研究所『遊びの指導 乳・幼児編』同文書院，2009
　外山滋比古『幼児教育でいちばん大切なこと 聞く力を育てる』筑摩書房，2012
　中等科音楽教育研究会編『改訂版 最新中等科音楽教育法』音楽之友社，2020
　山内雅子『音楽指導ハンドブック24 日本音楽の授業』音楽之友社，2001
　山内雅子・大原啓司編著『授業や音楽会ですぐに使える楽しい箏楽譜集CD付き』音楽之友社，2002

あとがき

　本書は，埼玉学園大学子ども発達学科において，保育者養成に関わっている教員による共著です。

　本学科では，「子どもの心と体の発達過程を学び，子ども達の支えとなる教育者」となるべく，0〜12歳の子どもの成長について幅広く学びながら，保育所・幼稚園・小学校の各年代に求められる知識や技能を身につけ，子どもとともにある「先生」を目指しています。本書は，そうした養成における知見をもとに著されたものです。

　保育者は，子どもに出会った瞬間から，子どもの成長を願い，そのために全力を尽くす専門職者です。そして，保育実践とは，保育者と子どもとの協働で造り上げるものだと考えています。

　興味・関心も，性格も，成長も，それまでの育ちも違う一人一人の子どもに，豊かな成長を促すには，まず，次の2つが必要であろうと思います。

　1つは，子どもの成長に対する理論と保育者の願い（思い）を持っていること。

　2つめは，子どもの成長を促す技術を持っていること。

　1つ目の「願い」とは，「このように成長してほしい」といったものであり，保育実践の根底に必ず存在するものです。しかし，子ども達に対しそればかりが目立つと，子ども達は戸惑うでしょう。「私のことを思ってくれてのことだろうけど，私にも私の思いがある」と。

　また，2つ目の技術も，「こうすると楽しいよ。」と，技術をノウハウとして，子ども達に一方的に示すのでは，子ども達にとって，ただ「遊ばされているだけ」と思うでしょう。

　1つ目の「願い」と2つ目の「技術」が組み合わさって初めて，子ども達にとっての豊かな成長が望めるのです。すなわち，保育実践とは，この2つが結合したところに生成されるのです。

　ただし，この2つは，いつでも誰にでも，同じように使えばよいというものではありません。子ども達一人一人の様子や行動を「見」，その様子や行動の背後にある子どもの心を「見」，その上で，先の2つをどのように結合させて，保育実践に取り入れるかを考えることが，保育実践には大切なのだということです。それが，保育者と

子どもとの協働で保育実践を造り上げるということです。

　本書の構成も，そのことを考え，理論編と実践編としました。第1章から第3章までの理論編で，理論をもとに保育者としての自分の「願い」を培ってもらい，第4章と第5章の実践編では，自分の「願い」を実現するためには，どのように実践を進めればよいかを事例をもとに考えてほしいと願ってのことです。

　保育所実習，幼稚園実習，そして，保育所・幼稚園での実践に，活かしていただければ幸いです。

　最後に，本書執筆者の意図をご理解いただき，出版をお引き受けくださり，全体の構成から細部にわたり，多くのお力添えをいただきました創成社の中川さんに御礼申し上げます。

　令和2年7月

執筆者一同

参考資料①

小学校学習指導要領（抄）

（平成29年3月　文部科学省）

第5節　生活
第1　目標
具体的な活動や体験を通して，身近な生活に関わる見方・考え方を生かし，自立し生活を豊かにしていくための資質・能力を次のとおり育成することを目指す。
(1)　活動や体験の過程において，自分自身，身近な人々，社会及び自然の特徴やよさ，それらの関わり等に気付くとともに，生活上必要な習慣や技能を身に付けるようにする。
(2)　身近な人々，社会及び自然を自分との関わりで捉え，自分自身や自分の生活について考え，表現することができるようにする。
(3)　身近な人々，社会及び自然に自ら働きかけ，意欲や自信をもって学んだり生活を豊かにしたりしようとする態度を養う。

第2　各学年の目標及び内容
〔第1学年及び第2学年〕
1　目標
(1)　学校，家庭及び地域の生活に関わることを通して，自分と身近な人々，社会及び自然との関わりについて考えることができ，それらのよさやすばらしさ，自分との関わりに気付き，地域に愛着をもち自然を大切にしたり，集団や社会の一員として安全で適切な行動をしたりするようにする。
(2)　身近な人々，社会及び自然と触れ合ったり関わったりすることを通して，それらを工夫したり楽しんだりすることができ，活動のよさや大切さに気付き，自分たちの遊びや生活をよりよくするようにする。
(3)　自分自身を見つめることを通して，自分の生活や成長，身近な人々の支えについて考えることができ，自分のよさや可能性に気付き，意欲と自信をもって生活するようにする。
2　内容
1の資質・能力を育成するため，次の内容を指導する。
〔学校，家庭及び地域の生活に関する内容〕
(1)　学校生活に関わる活動を通して，学校の施設の様子や学校生活を支えている人々や友達，通学路の様子やその安全を守っている人々などについて考えることができ，学校での生活は様々な人や施設と関わっていることが分かり，楽しく安心して遊びや生活をしたり，安全な登下校をしたりしようとする。
(2)　家庭生活に関わる活動を通して，家庭における家族のことや自分でできることなどについて考えることができ，家庭での生活は互いに支え合っていることが分かり，自分の役割を積極的に果たしたり，規則正しく健康に気を付けて生活したりしようとする。
(3)　地域に関わる活動を通して，地域の場所やそこで生活したり働いたりしている人々について考えることができ，自分たちの生活は様々な人や場所と関わっていることが分かり，それら

に親しみや愛着をもち，適切に接したり安全に生活したりしようとする。
(4)　公共物や公共施設を利用する活動を通して，それらのよさを感じたり働きを捉えたりすることができ，身の回りにはみんなで使うものがあることやそれらを支えている人々がいることなどが分かるとともに，それらを大切にし，安全に気を付けて正しく利用しようとする。
(5)　身近な自然を観察したり，季節や地域の行事に関わったりするなどの活動を通して，それらの違いや特徴を見付けることができ，自然の様子や四季の変化，季節によって生活の様子が変わることに気付くとともに，それらを取り入れ自分の生活を楽しくしようとする。
(6)　身近な自然を利用したり，身近にある物を使ったりするなどして遊ぶ活動を通して，遊びや遊びに使う物を工夫してつくることができ，その面白さや自然の不思議さに気付くとともに，みんなと楽しみながら遊びを創り出そうとする。
(7)　動物を飼ったり植物を育てたりする活動を通して，それらの育つ場所，変化や成長の様子に関心をもって働きかけることができ，それらは生命をもっていることや成長していることに気付くとともに，生き物への親しみをもち，大切にしようとする。
(8)　自分たちの生活や地域の出来事を身近な人々と伝え合う活動を通して，相手のことを想像したり伝えたいことや伝え方を選んだりすることができ，身近な人々と関わることのよさや楽しさが分かるとともに，進んで触れ合い交流しようとする。
〔自分自身の生活や成長に関する内容〕
(9)　自分自身の生活や成長を振り返る活動を通して，自分のことや支えてくれた人々について考えることができ，自分が大きくなったこと，自分でできるようになったこと，役割が増えたことなどが分かるとともに，これまでの生活や成長を支えてくれた人々に感謝の気持ちをもち，これからの成長への願いをもって，意欲的に生活しようとする。

第6節　音楽
第1　目標
表現及び鑑賞の活動を通して，音楽的な見方・考え方を働かせ，生活や社会の中の音や音楽と豊かに関わる資質・能力を次のとおり育成することを目指す。
　(1)　曲想と音楽の構造などとの関わりについて理解するとともに，表したい音楽表現をするために必要な技能を身に付けるようにする。
　(2)　音楽表現を工夫することや，音楽を味わって聴くことができるようにする。
　(3)　音楽活動の楽しさを体験することを通して，音楽を愛好する心情と音楽に対する感性を育むとともに，音楽に親しむ態度を養い，豊かな情操を培う。

第2　各学年の目標及び内容
〔第1学年及び第2学年〕
1　目標
　（1）曲想と音楽の構造などとの関わりについて気付くとともに，音楽表現を楽しむために必要な歌唱，器楽，音楽づくりの技能を身に付けるようにする。
　（2）音楽表現を考えて表現に対する思いをもつことや，曲や演奏の楽しさを見いだしながら音楽を味わって聴くことができるようにする。
　（3）楽しく音楽に関わり，協働して音楽活動をする楽しさを感じながら，身の回りの様々な音楽に親しむとともに，音楽経験を生かして生活を明るく潤いのあるものにしようとする態度を養う。
2　内容
A　表現
(1) 歌唱の活動を通して，次の事項を身に付けることができるよう指導する。
ア　歌唱表現についての知識や技能を得たり生かしたりしながら，曲想を感じ取って表現を工夫し，どのように歌うかについて思いをもつこと。
イ　曲想と音楽の構造との関わり，曲想と歌詞の表す情景や気持ちとの関わりについて気付くこと。
ウ　思いに合った表現をするために必要な次の（ア）から（ウ）までの技能を身に付けること。
(ア) 範唱を聴いて歌ったり，階名で模唱したり暗唱したりする技能
(イ) 自分の歌声及び発音に気を付けて歌う技能
(ウ) 互いの歌声や伴奏を聴いて，声を合わせて歌う技能
(2) 器楽の活動を通して，次の事項を身に付けることができるよう指導する。
ア　器楽表現についての知識や技能を得たり生かしたりしながら，曲想を感じ取って表現を工夫し，どのように演奏するかについて思いをもつこと。
イ　次の（ア）及び（イ）について気付くこと。
(ア) 曲想と音楽の構造との関わり
(イ) 楽器の音色と演奏の仕方との関わり
ウ　思いに合った表現をするために必要な次の（ア）から（ウ）までの技能を身に付けること。
(ア) 範奏を聴いたり，リズム譜などを見たりして演奏する技能
(イ) 音色に気を付けて，旋律楽器及び打楽器を演奏する技能
(ウ) 互いの楽器の音や伴奏を聴いて，音を合わせて演奏する技能
(3) 音楽づくりの活動を通して，次の事項を身に付けることができるよう指導する。
ア　音楽づくりについての知識や技能を得たり生かしたりしながら，次の（ア）及び（イ）をできるようにすること。
(ア)　音遊びを通して，音楽づくりの発想を得ること。
(イ)　どのように音を音楽にしていくかについて思いをもつこと。
イ　次の（ア）及び（イ）について，それらが生み出す面白さなどと関わらせて気付くこと。
(ア) 声や身の回りの様々な音の特徴
(イ) 音やフレーズのつなげ方の特徴
ウ　発想を生かした表現や，思いに合った表現をするために必要な次の（ア）及び（イ）の技能を身に付けること。
(ア) 設定した条件に基づいて，即興的に音を選んだりつなげた

りして表現する技能
(イ) 音楽の仕組みを用いて，簡単な音楽をつくる技能
B　鑑賞
(1) 鑑賞の活動を通して，次の事項を身に付けることができるよう指導する。
ア　鑑賞についての知識を得たり生かしたりしながら，曲や演奏の楽しさを見いだし，曲全体を味わって聴くこと。
イ　曲想と音楽の構造との関わりについて気付くこと。
〔共通事項〕
(1)「A表現」及び「B鑑賞」の指導を通して，次の事項を身に付けることができるよう指導する。
ア　音楽を形づくっている要素を聴き取り，それらの働きが生み出すよさや面白さ，美しさを感じ取りながら，聴き取ったことと感じ取ったこととの関わりについて考えること。
イ　音楽を形づくっている要素及びそれらに関わる身近な音符，休符，記号や用語について，音楽における働きと関わらせて理解すること。

〔第3学年及び第4学年〕
1　目標
(1) 曲想と音楽の構造などとの関わりについて気付くとともに，表したい音楽表現をするために必要な歌唱，器楽，音楽づくりの技能を身に付けるようにする。
(2) 音楽表現を考えて表現に対する思いや意図をもつことや，曲や演奏のよさなどを見いだしながら音楽を味わって聴くことができるようにする。
(3) 進んで音楽に関わり，協働して音楽活動をする楽しさを感じながら，様々な音楽に親しむとともに，音楽経験を生かして生活を明るく潤いのあるものにしようとする態度を養う。
2　内容
A　表現
(1) 歌唱の活動を通して，次の事項を身に付けることができるよう指導する。
ア　歌唱表現についての知識や技能を得たり生かしたりしながら，曲の特徴を捉えた表現を工夫し，どのように歌うかについて思いや意図をもつこと。
イ　曲想と音楽の構造や歌詞の内容との関わりについて気付くこと。
ウ　思いや意図に合った表現をするために必要な次の（ア）から（ウ）までの技能を身に付けること。
(ア) 範唱を聴いたり，ハ長調の楽譜を見たりして歌う技能
(イ) 呼吸及び発音の仕方に気を付けて，自然で無理のない歌い方で歌う技能
(ウ) 互いの歌声や副次的な旋律，伴奏を聴いて，声を合わせて歌う技能
(2) 器楽の活動を通して，次の事項を身に付けることができるよう指導する。
ア　器楽表現についての知識や技能を得たり生かしたりしながら，曲の特徴を捉えた表現を工夫し，どのように演奏するかについて思いや意図をもつこと。
イ　次の（ア）及び（イ）について気付くこと。
(ア) 曲想と音楽の構造との関わり
(イ) 楽器の音色や響きと演奏の仕方との関わり
ウ　思いや意図に合った表現をするために必要な次の（ア）か

ら（ウ）までの技能を身に付けること。

（ア）範奏を聴いたり，ハ長調の楽譜を見たりして演奏する技能

（イ）音色や響きに気を付けて，旋律楽器及び打楽器を演奏する技能

（ウ）互いの楽器の音や副次的な旋律，伴奏を聴いて，音を合わせて演奏する技能

（3）音楽づくりの活動を通して，次の事項を身に付けることができるよう指導する。

ア　音楽づくりについての知識や技能を得たり生かしたりしながら，次の（ア）及び（イ）をできるようにすること。

（ア）即興的に表現することを通して，音楽づくりの発想を得ること。

（イ）音を音楽へと構成することを通して，どのようにまとまりを意識した音楽をつくるかについて思いや意図をもつこと。

イ　次の（ア）及び（イ）について，それらが生み出すよさや面白さなどと関わらせて気付くこと。

（ア）いろいろな音の響きやそれらの組合せの特徴

（イ）音やフレーズのつなげ方や重ね方の特徴

ウ　発想を生かした表現や，思いや意図に合った表現をするために必要な次の（ア）及び（イ）の技能を身に付けること。

（ア）設定した条件に基づいて，即興的に音を選択したり組み合わせたりして表現する技能

（イ）音楽の仕組みを用いて，音楽をつくる技能

B　鑑賞

（1）鑑賞の活動を通して，次の事項を身に付けることができるよう指導する。

ア　鑑賞についての知識を得たり生かしたりしながら，曲や演奏のよさなどを見いだし，曲全体を味わって聴くこと。

イ　曲想及びその変化と，音楽の構造との関わりについて気付くこと。

〔共通事項〕

（1）「A表現」及び「B鑑賞」の指導を通して，次の事項を身に付けることができるよう指導する。

ア　音楽を形づくっている要素を聴き取り，それらの働きが生み出すよさや面白さ，美しさを感じ取りながら，聴き取ったことと感じ取ったこととの関わりについて考えること。

イ　音楽を形づくっている要素及びそれらに関わる音符，休符，記号や用語について，音楽における働きと関わらせて理解すること。

〔第5学年及び第6学年〕

1　目　標

（1）曲想と音楽の構造などとの関わりについて理解するとともに，表したい音楽表現をするために必要な歌唱，器楽，音楽づくりの技能を身に付けるようにする。

（2）音楽表現を考えて表現に対する思いや意図をもつことや，曲や演奏のよさなどを見いだしながら音楽を味わって聴くことができるようにする。

（3）主体的に音楽に関わり，協働して音楽活動をする楽しさを味わいながら，様々な音楽に親しむとともに，音楽経験を生かして生活を明るく潤いのあるものにしようとする態度を養う。

2　内　容

A　表　現

（1）歌唱の活動を通して，次の事項を身に付けることができる

よう指導する。

ア　歌唱表現についての知識や技能を得たり生かしたりしながら，曲の特徴にふさわしい表現を工夫し，どのように歌うかについて思いや意図をもつこと。

イ　曲想と音楽の構造や歌詞の内容との関わりについて理解すること。

ウ　思いや意図に合った表現をするために必要な次の（ア）から（ウ）までの技能を身に付けること。

（ア）範唱を聴いたり，ハ長調及びイ短調の楽譜を見たりして歌う技能

（イ）呼吸及び発音の仕方に気を付けて，自然で無理のない，響きのある歌い方で歌う技能

（ウ）各声部の歌声や全体の響き，伴奏を聴いて，声を合わせて歌う技能

（2）器楽の活動を通して，次の事項を身に付けることができるよう指導する。

ア　器楽表現についての知識や技能を得たり生かしたりしながら，曲の特徴にふさわしい表現を工夫し，どのように演奏するかについて思いや意図をもつこと。

イ　次の（ア）及び（イ）について理解すること。

（ア）曲想と音楽の構造との関わり

（イ）多様な楽器の音色や響きと演奏の仕方との関わり

ウ　思いや意図に合った表現をするために必要な次の（ア）から（ウ）までの技能を身に付けること。

（ア）範奏を聴いたり，ハ長調及びイ短調の楽譜を見たりして演奏する技能

（イ）音色や響きに気を付けて，旋律楽器及び打楽器を演奏する技能

（ウ）各声部の楽器の音や全体の響き，伴奏を聴いて，音を合わせて演奏する技能

（3）音楽づくりの活動を通して，次の事項を身に付けることができるよう指導する。

ア　音楽づくりについての知識や技能を得たり生かしたりしながら，次の（ア）及び（イ）をできるようにすること。

（ア）即興的に表現することを通して，音楽づくりの様々な発想を得ること。

（イ）音を音楽へと構成することを通して，どのように全体のまとまりを意識した音楽をつくるかについて思いや意図をもつこと。

イ　次の（ア）及び（イ）について，それらが生み出すよさや面白さなどと関わらせて理解すること。

（ア）いろいろな音の響きやそれらの組合せの特徴

（イ）音やフレーズのつなげ方や重ね方の特徴

ウ　発想を生かした表現や，思いや意図に合った表現をするために必要な次の（ア）及び（イ）の技能を身に付けること。

（ア）設定した条件に基づいて，即興的に音を選択したり組み合わせたりして表現する技能

（イ）音楽の仕組みを用いて，音楽をつくる技能

B　鑑賞

（1）鑑賞の活動を通して，次の事項を身に付けることができるよう指導する。

ア　鑑賞についての知識を得たり生かしたりしながら，曲や演奏のよさなどを見いだし，曲全体を味わって聴くこと。

イ　曲想及びその変化と，音楽の構造との関わりについて理解

すること。
【共通事項】
(1)「A表現」及び「B鑑賞」の指導を通して，次の事項を身に付けることができるよう指導する。
ア 音楽を形づくっている要素を聴き取り，それらの働きが生み出すよさや面白さ，美しさを感じ取りながら，聴き取ったことと感じ取ったこととの関わりについて考えること。
イ 音楽を形づくっている要素及びそれらに関わる音符，休符，記号や用語について，音楽における働きと関わらせて理解すること。
3 内容の取扱い
(1) 歌唱教材は次に示すものを取り扱う。
ア 主となる歌唱教材については，各学年ともイの共通教材の中の3曲を含めて，斉唱及び合唱で歌う曲
イ 共通教材

第7節 図画工作
第1 目標
表現及び鑑賞の活動を通して，造形的な見方・考え方を働かせ，生活や社会の中の形や色などと豊かに関わる資質・能力を次のとおり育成することを目指す。
(1) 対象や事象を捉える造形的な視点について自分の感覚や行為を通して理解するとともに，材料や用具を使い，表し方などを工夫して，創造的につくったり表したりすることができるようにする。
(2) 造形的なよさや美しさ，表したいこと，表し方などについて考え，創造的に発想や構想をしたり，作品などに対する自分の見方や感じ方を深めたりすることができるようにする。
(3) つくりだす喜びを味わうとともに，感性を育み，楽しく豊かな生活を創造しようとする態度を養い，豊かな情操を培う。

第2 各学年の目標及び内容
〔第1学年及び第2学年〕
1 目 標
(1) 対象や事象を捉える造形的な視点について自分の感覚や行為を通して気付くとともに，手や体全体の感覚などを働かせ材料や用具を使い，表し方などを工夫して，創造的につくったり表したりすることができるようにする。
(2) 造形的な面白さや楽しさ，表したいこと，表し方などについて考え，楽しく発想や構想をしたり，身の回りの作品などから自分の見方や感じ方を広げたりすることができるようにする。
(3) 楽しく表現したり鑑賞したりする活動に取り組み，つくりだす喜びを味わうとともに，形や色などに関わり楽しい生活を創造しようとする態度を養う。
2 内 容
A 表 現
(1) 表現の活動を通して，発想や構想に関する次の事項を身に付けることができるよう指導する。
ア 造形遊びをする活動を通して，身近な自然物や人工の材料の形や色などを基に造形的な活動を思い付くことや，感覚や気持ちを生かしながら，どのように活動するかについて考えること。
イ 絵や立体，工作に表す活動を通して，感じたこと，想像したことから，表したいことを見付けることや，好きな形や色を選んだり，いろいろな形や色を考えたりしながら，どのように

表すかについて考えること。
(2) 表現の活動を通して，技能に関する次の事項を身に付けることができるよう指導する。
ア 造形遊びをする活動を通して，身近で扱いやすい材料や用具に十分に慣れるとともに，並べたり，つないだり，積んだりするなど手や体全体の感覚などを働かせ，活動を工夫してつくること。
イ 絵や立体，工作に表す活動を通して，身近で扱いやすい材料や用具に十分に慣れるとともに，手や体全体の感覚などを働かせ，表したいことを基に表し方を工夫して表すこと。
B 鑑 賞
(1) 鑑賞の活動を通して，次の事項を身に付けることができるよう指導する。
ア 身の回りの作品などを鑑賞する活動を通して，自分たちの作品や身近な材料などの造形的な面白さや楽しさ，表したいこと，表し方などについて，感じ取ったり考えたりし，自分の見方や感じ方を広げること。
【共通事項】
(1)「A表現」及び「B鑑賞」の指導を通して，次の事項を身に付けることができるよう指導する。
ア 自分の感覚や行為を通して，形や色などに気付くこと。
イ 形や色などを基に，自分のイメージをもつこと。

〔第3学年及び第4学年〕
1 目 標
(1) 対象や事象を捉える造形的な視点について自分の感覚や行為を通して分かるとともに，手や体全体を十分に働かせ材料や用具を使い，表し方などを工夫して，創造的につくったり表したりすることができるようにする。
(2) 造形的なよさや面白さ，表したいこと，表し方などについて考え，豊かに発想や構想をしたり，身近にある作品などから自分の見方や感じ方を広げたりすることができるようにする。
(3) 進んで表現したり鑑賞したりする活動に取り組み，つくりだす喜びを味わうとともに，形や色などに関わり楽しく豊かな生活を創造しようとする態度を養う。
2 内 容
A 表 現
(1) 表現の活動を通して，発想や構想に関する次の事項を身に付けることができるよう指導する。
ア 造形遊びをする活動を通して，身近な材料や場所などを基に造形的な活動を思い付くことや，新しい形や色などを思い付きながら，どのように活動するかについて考えること。
イ 絵や立体，工作に表す活動を通して，感じたこと，想像したこと，見たことから，表したいことを見付けることや，表したいことや用途などを考え，形や色，材料などを生かしながら，どのように表すかについて考えること。
(2) 表現の活動を通して，技能に関する次の事項を身に付けることができるよう指導する。
ア 造形遊びをする活動を通して，材料や用具を適切に扱うとともに，前学年までの材料や用具についての経験を生かし，組み合わせたり，切ってつないだり，形を変えたりするなどして，手や体全体を十分に働かせ，活動を工夫してつくること。
イ 絵や立体，工作に表す活動を通して，材料や用具を適切に扱うとともに，前学年までの材料や用具についての経験を生か

し，手や体全体を十分に働かせ，表したいことに合わせて表し方を工夫して表すこと。

B　鑑　賞

⑴　鑑賞の活動を通して，次の事項を身に付けることができるよう指導する。

ア　身近にある作品などを鑑賞する活動を通して，自分たちの作品や身近な美術作品，製作の過程などの造形的なよさや面白さ，表したいこと，いろいろな表し方などについて，感じ取ったり考えたりし，自分の見方や感じ方を広げること。

〔共通事項〕

⑴　「A表現」及び「B鑑賞」の指導を通して，次の事項を身に付けることができるよう指導する。

ア　自分の感覚や行為を通して，形や色などの感じが分かること。

イ　形や色などの感じを基に，自分のイメージをもつこと。

〔第5学年及び第6学年〕

1　目　標

⑴　対象や事象を捉える造形的な視点について自分の感覚や行為を通して理解するとともに，材料や用具を活用し，表し方などを工夫して，創造的につくったり表したりすることができるようにする。

⑵　造形的なよさや美しさ，表したいこと，表し方などについて考え，創造的に発想や構想をしたり，親しみのある作品などから自分の見方や感じ方を深めたりすることができるようにする。

⑶　主体的に表現したり鑑賞したりする活動に取り組み，つくりだす喜びを味わうとともに，形や色などに関わり楽しく豊かな生活を創造しようとする態度を養う。

2　内　容

A　表　現

⑴　表現の活動を通して，発想や構想に関する次の事項を身に付けることができるよう指導する。

ア　造形遊びをする活動を通して，材料や場所，空間などの特徴を基に造形的な活動を思い付くことや，構成したり周囲の様子を考え合わせたりしながら，どのように活動するかについて考えること。

イ　絵や立体，工作に表す活動を通して，感じたこと，想像したこと，見たこと，伝え合いたいことから，表したいことを見付けることや，形や色，材料の特徴，構成の美しさなどの感じ，用途などを考えながら，どのように主題を表すかについて考えること。

⑵　表現の活動を通して，技能に関する次の事項を身に付けることができるよう指導する。

ア　造形遊びをする活動を通して，活動に応じて材料や用具を活用するとともに，前学年までの材料や用具についての経験や技能を総合的に生かしたり，方法などを組み合わせたりするなどして，活動を工夫してつくること。

イ　絵や立体，工作に表す活動を通して，表現方法に応じて材料や用具を活用するとともに，前学年までの材料や用具などについての経験や技能を総合的に生かしたり，表現に適した方法などを組み合わせたりするなどして，表したいことに合わせて表し方を工夫して表すこと。

B　鑑　賞

⑴　鑑賞の活動を通して，次の事項を身に付けることができるよう指導する。

ア　親しみのある作品などを鑑賞する活動を通して，自分たちの作品，我が国や諸外国の親しみのある美術作品，生活の中の造形などの造形的なよさや美しさ，表現の意図や特徴，表し方の変化などについて，感じ取ったり考えたりし，自分の見方や感じ方を深めること。

〔共通事項〕

⑴　「A表現」及び「B鑑賞」の指導を通して，次の事項を身に付けることができるよう指導する。

ア　自分の感覚や行為を通して，形や色などの造形的な特徴を理解すること。

イ　形や色などの造形的な特徴を基に，自分のイメージをもつこと。

第9節　体育

第1　目　標

体育や保健の見方・考え方を働かせ，課題を見付け，その解決に向けた学習過程を通して，心と体を一体として捉え，生涯にわたって心身の健康を保持増進し豊かなスポーツライフを実現するための資質・能力を次のとおり育成することを目指す。

⑴　その特性に応じた各種の運動の行い方及び身近な生活における健康・安全について理解するとともに，基本的な動きや技能を身に付けるようにする。

⑵　運動や健康についての自己の課題を見付け，その解決に向けて思考し判断するとともに，他者に伝える力を養う。

⑶　運動に親しむとともに健康の保持増進と体力の向上を目指し，楽しく明るい生活を営む態度を養う。

第2　各学年の目標及び内容

〔第1学年及び第2学年〕

1　目　標

⑴　各種の運動遊びの楽しさに触れ，その行い方を知るとともに，基本的な動きを身に付けるようにする。

⑵　各種の運動遊びの行い方を工夫するとともに，考えたことを他者に伝える力を養う。

⑶　各種の運動遊びに進んで取り組み，きまりを守り誰とでも仲よく運動をしたり，健康・安全に留意したりし，意欲的に運動をする態度を養う。

2　内　容

A　体つくりの運動遊び

体つくりの運動遊びについて，次の事項を身に付けることができるよう指導する。

⑴　次の運動遊びの楽しさに触れ，その行い方を知るとともに，体を動かす心地よさを味わったり，基本的な動きを身に付けたりすること。

ア　体ほぐしの運動遊びでは，手軽な運動遊びを行い，心と体の変化に気付いたり，みんなで関わり合ったりすること。

イ　多様な動きをつくる運動遊びでは，体のバランスをとる動き，体を移動する動き，用具を操作する動き力試しの動きをすること。

⑵　体をほぐしたり多様な動きをつくったりする遊び方を工夫するとともに，考えたことを友達に伝えること。

(3) 運動遊びに進んで取り組み，きまりを守り誰とでも仲よく運動をしたり，場の安全に気を付けたりすること。

B 器械・器具を使っての運動遊び

器械・器具を使っての運動遊びについて，次の事項を身に付けることができるよう指導する。

(1) 次の運動遊びの楽しさに触れ，その行い方を知るとともに，その動きを身に付けること。

ア 固定施設を使った運動遊びでは，登り下りや懸垂移行，渡り歩きや跳び下りをすること。

イ マットを使った運動遊びでは，いろいろな方向への転がり，手で支えての体の保持や回転をすること。

ウ 鉄棒を使った運動遊びでは，支持しての揺れや上がり下り，ぶら下がりや易しい回転をすること。

エ 跳び箱を使った運動遊びでは，跳び乗りや跳び下り，手を着いてのまたぎ乗りやまたぎ下りをすること。

(2) 器械・器具を用いた簡単な遊び方を工夫するとともに，考えたことを友達に伝えること。

(3) 運動遊びに進んで取り組み，順番やきまりを守り誰とでも仲よく運動をしたり，場や器械・器具の安全に気を付けたりすること。

C 走・跳の運動遊び

走・跳の運動遊びについて，次の事項を身に付けることができるよう指導する。

(1) 次の運動遊びの楽しさに触れ，その行い方を知るとともに，その動きを身に付けること。

ア 走の運動遊びでは，いろいろな方向に走ったり，低い障害物を走り越えたりすること。

イ 跳の運動遊びでは，前方や上方に跳んだり，連続して跳んだりすること。

(2) 走ったり跳んだりする簡単な遊び方を工夫するとともに，考えたことを友達に伝えること。

(3) 運動遊びに進んで取り組み，順番やきまりを守り誰とでも仲よく運動をしたり，勝敗を受け入れたり，場の安全に気を付けたりすること。

D 水遊び

水遊びについて，次の事項を身に付けることができるよう指導する。

(1) 次の運動遊びの楽しさに触れ，その行い方を知るとともに，その動きを身に付けること。

ア 水の中を移動する運動遊びでは，水につかって歩いたり走ったりすること。

イ もぐる・浮く運動遊びでは，息を止めたり吐いたりしながら，水にもぐったり浮いたりすること。

(2) 水の中を移動したり，もぐったり浮いたりする簡単な遊び方を工夫するとともに，考えたことを友達に伝えること。

(3) 運動遊びに進んで取り組み，順番やきまりを守り誰とでも仲よく運動をしたり，水遊びの心得を守って安全に気を付けたりすること。

E ゲーム

ゲームについて，次の事項を身に付けることができるよう指導する。

(1) 次の運動遊びの楽しさに触れ，その行い方を知るとともに，易しいゲームをすること。

ア ボールゲームでは，簡単なボール操作と攻めや守りの動き

によって，易しいゲームをすること。

イ 鬼遊びでは，一定の区域で，逃げる，追いかける，陣地を取り合うなどをすること。

(2) 簡単な規則を工夫したり，攻め方を選んだりするとともに，考えたことを友達に伝えること。

(3) 運動遊びに進んで取り組み，規則を守り誰とでも仲よく運動をしたり，勝敗を受け入れたり，場や用具の安全に気を付けたりすること。

F 表現リズム遊び

表現リズム遊びについて，次の事項を身に付けることができるよう指導する。

(1) 次の運動遊びの楽しさに触れ，その行い方を知るとともに，題材になりきったりリズムに乗ったりして踊ること。

ア 表現遊びでは，身近な題材の特徴を捉え，全身で踊ること。

イ リズム遊びでは，軽快なリズムに乗って踊ること。

(2) 身近な題材の特徴を捉えて踊ったり，軽快なリズムに乗って踊ったりする簡単な踊り方を工夫するとともに，考えたことを友達に伝えること。

(3) 運動遊びに進んで取り組み，誰とでも仲よく踊ったり，場の安全に気を付けたりすること。

〔第3学年及び第4学年〕

1 目 標

(1) 各種の運動の楽しさや喜びに触れ，その行い方及び健康で安全な生活や体の発育・発達について理解するとともに，基本的な動きや技能を身に付けるようにする。

(2) 自己の運動や身近な生活における健康の課題を見付け，その解決のための方法や活動を工夫するとともに，考えたことを他者に伝える力を養う。

(3) 各種の運動に進んで取り組み，きまりを守り誰とでも仲よく運動をしたり，友達の考えを認めたり，場や用具の安全に留意したりし，最後まで努力して運動をする態度を養う。また，健康の大切さに気付き，自己の健康の保持増進に進んで取り組む態度を養う。

2 内 容

A 体つくり運動

体つくり運動について，次の事項を身に付けることができるよう指導する。

(1) 次の運動の楽しさや喜びに触れ，その行い方を知るとともに，体を動かす心地よさを味わったり，基本的な動きを身に付けたりすること。

ア 体ほぐしの運動では，手軽な運動を行い，心と体の変化に気付いたり，みんなで関わり合ったりすること。

イ 多様な動きをつくる運動では，体のバランスをとる動き，体を移動する動き，用具を操作する動き，力試しの動きをし，それらを組み合わせ

(2) 自己の課題を見付け，その解決のための活動を工夫するとともに，考えたことを友達に伝えること。

(3) 運動に進んで取り組み，きまりを守り誰とでも仲よく運動をしたり，友達の考えを認めたり，場や用具の安全に気を付けたりすること。

B 器械運動

器械運動について，次の事項を身に付けることができるよう指導する。

(1) 次の運動の楽しさや喜びに触れ，その行い方を知るとともに，その技を身に付けること。

ア　マット運動では，回転系や巧技系の基本的な技をすること。

イ　鉄棒運動では，支持系の基本的な技をすること。

ウ　跳び箱運動では，切り返し系や回転系の基本的な技をすること。

(2) 自己の能力に適した課題を見付け，技ができるようになるための活動を工夫するとともに，考えたことを友達に伝えること。

(3) 運動に進んで取り組み，きまりを守り誰とでも仲よく運動をしたり，友達の考えを認めたり，場や器械・器具の安全に気を付けたりすること。

C　走・跳の運動

　走・跳の運動について，次の事項を身に付けることができるよう指導する。

(1) 次の運動の楽しさや喜びに触れ，その行い方を知るとともに，その動きを身に付けること。

ア　かけっこ・リレーでは，調子よく走ったりバトンの受渡しをしたりすること。

イ　小型ハードル走では，小型ハードルを調子よく走り越えること。

ウ　幅跳びでは，短い助走から踏み切って跳ぶこと

エ　高跳びでは，短い助走から踏み切って跳ぶこと。

(2) 自己の能力に適した課題を見付け，動きを身に付けるための活動や競争の仕方を工夫するとともに，考えたことを友達に伝えること。

(3) 運動に進んで取り組み，きまりを守り誰とでも仲よく運動をしたり，勝敗を受け入れたり，友達の考えを認めたり，場や用具の安全に気を付けたりすること。

D　水泳運動

　水泳運動について，次の事項を身に付けることができるよう指導する。

(1) 次の運動の楽しさや喜びに触れ，その行い方を知るとともに，その動きを身に付けること。

ア　浮いて進む運動では，け伸びや初歩的な泳ぎをすること。ること。

イ　もぐる・浮く運動では，息を止めたり吐いたりしながら，いろいろなもぐり方や浮き方をすること。

(2) 自己の能力に適した課題を見付け，水の中での動きを身に付けるための活動を工夫するとともに，考えたことを友達に伝えること。

(3) 運動に進んで取り組み，きまりを守り誰とでも仲よく運動をしたり，友達の考えを認めたり，水泳運動の心得を守って安全に気を付けたりすること。

E　ゲーム

　ゲームについて，次の事項を身に付けることができるよう指導する。

(1) 次の運動の楽しさや喜びに触れ，その行い方を知るとともに，易しいゲームをすること。

ア　ゴール型ゲームでは，基本的なボール操作とボールを持たないときの動きによって，易しいゲームをすること。

イ　ネット型ゲームでは，基本的なボール操作とボールを操作できる位置に体を移動する動きによって，易しいゲームをすること。

ウ　ベースボール型ゲームでは，蹴る，打つ，捕る，投げるなどのボール操作と得点をとったり防いだりする動きによって，易しいゲームをすること。

(2) 規則を工夫したり，ゲームの型に応じた簡単な作戦を選んだりするとともに，考えたことを友達に伝えること。

(3) 運動に進んで取り組み，規則を守り誰とでも仲よく運動をしたり，勝敗を受け入れたり，友達の考えを認めたり，場や用具の安全に気を付けたりすること。

F　表現運動

　表現運動について，次の事項を身に付けることができるよう指導する。

(1) 次の運動の楽しさや喜びに触れ，その行い方を知るとともに，表したい感じを表現したりリズムに乗ったりして踊ること。

ア　表現では，身近な生活などの題材からその主な特徴を捉え，表したい感じをひと流れの動きで踊ること。

イ　リズムダンスでは，軽快なリズムに乗って全身で踊ること。

(2) 自己の能力に適した課題を見付け，題材やリズムの特徴を捉えた踊り方や交流の仕方を工夫するとともに，考えたことを友達に伝えること。

(3) 運動に進んで取り組み，誰とでも仲よく踊ったり，友達の動きや考えを認めたり，場の安全に気を付けたりすること。

G　保　健

(1) 健康な生活について，課題を見付け，その解決を目指した活動を通して，次の事項を身に付けることができるよう指導する。

ア　健康な生活について理解すること。

(ア) 心や体の調子がよいなどの健康の状態は，主体の要因や周囲の環境の要因が関わっていること。

(イ) 毎日を健康に過ごすには，運動，食事，休養及び睡眠の調和のとれた生活を続けること，また，体の清潔を保つことなどが必要であること。

(ウ) 毎日を健康に過ごすには，明るさの調節，換気などの生活環境を整えることなどが必要であること。

イ　健康な生活について課題を見付け，その解決に向けて考え，それを表現すること。

(2) 体の発育・発達について，課題を見付け，その解決を目指した活動を通して，次の事項を身に付けることができるよう指導する。

ア　体の発育・発達について理解すること。

(ア) 体は，年齢に伴って変化すること。また，体の発育・発達には，個人差があること。

(イ) 体は，思春期になると次第に大人の体に近づき，体つきが変わったり，初経，精通などが起こったりすること。また，異性への関心が芽生えること。

(ウ) 体をよりよく発育・発達させるには，適切な運動，食事，休養及び睡眠が必要であること。

イ　体がよりよく発育・発達するために，課題を見付け，その解決に向けて考え，それを表現すること。

〔第5学年及び第6学年〕

1　目　標

(1) 各種の運動の楽しさや喜びを味わい，その行い方及び心の健康やけがの防止，病気の予防について理解するとともに，各種の運動の特性に応じた基本的な技能及び健康で安全な生活を

営むための技能を身に付けるようにする。

(2) 自己やグループの運動の課題や身近な健康に関わる課題を見付け，その解決のための方法や活動を工夫するとともに，自己や仲間の考えたことを他者に伝える力を養う。

(3) 各種の運動に積極的に取り組み，約束を守り助け合って運動をしたり，仲間の考えや取組を認めたり，場や用具の安全に留意したりし，自己の最善を尽くして運動をする態度を養う。また，健康・安全の大切さに気付き，自己の健康の保持増進や回復に進んで取り組む態度を養う。

2 内 容

A 体つくり運動

体つくり運動について，次の事項を身に付けることができるよう指導する。

(1) 次の運動の楽しさや喜びを味わい，その行い方を理解するとともに，体を動かす心地よさを味わったり，体の動きを高めたりすること。

ア 体ほぐしの運動では，手軽な運動を行い，心と体との関係に気付いたり，仲間と関わり合ったりすること。

イ 体の動きを高める運動では，ねらいに応じて，体の柔らかさ，巧みな動き，力強い動き，動きを持続する能力を高めるための運動をすること。

(2) 自己の体の状態や体力に応じて，運動の行い方を工夫するとともに，自己や仲間の考えたことを他者に伝えること。

(3) 運動に積極的に取り組み，約束を守り助け合って運動をしたり，仲間の考えや取組を認めたり，場や用具の安全に気を配ったりすること。

B 器械運動

器械運動について，次の事項を身に付けることができるよう指導する。

(1) 次の運動の楽しさや喜びを味わい，その行い方を理解するとともに，その技を身に付けること。

ア マット運動では，回転系や巧技系の基本的な技を安定して行ったり，その発展技を行ったり，それらを繰り返したり組み合わせたりすること。

イ 鉄棒運動では，支持系の基本的な技を安定して行ったり，その発展技を行ったり，それらを繰り返したり組み合わせたりすること。

ウ 跳び箱運動では，切り返し系や回転系の基本的な技を安定して行ったり，その発展技を行ったりすること。

(2) 自己の能力に適した課題の解決の仕方や技の組み合わせ方を工夫するとともに，自己や仲間の考えたことを他者に伝えること。

(3) 運動に積極的に取り組み，約束を守り助け合って運動をしたり，仲間の考えや取組を認めたり，場や器械・器具の安全に気を配ったりすること。

C 陸上運動

陸上運動について，次の事項を身に付けることができるよう指導する。

(1) 次の運動の楽しさや喜びを味わい，その行い方を理解するとともに，その技能を身に付けること。

ア 短距離走・リレーでは，一定の距離を全力で走ったり，滑らかなバトンの受渡しをしたりすること。

イ ハードル走では，ハードルをリズミカルに走り越えること。

ウ 走り幅跳びでは，リズミカルな助走から踏み切って跳ぶこ

と。

エ 走り高跳びでは，リズミカルな助走から踏み切って跳ぶこと。

(2) 自己の能力に適した課題の解決の仕方，競争や記録への挑戦の仕方を工夫するとともに，自己や仲間の考えたことを他者に伝えること。

(3) 運動に積極的に取り組み，約束を守り助け合って運動をしたり，勝敗を受け入れたり，仲間の考えや取組を認めたり，場や用具の安全に気を配ったりすること。

D 水泳運動

水泳運動について，次の事項を身に付けることができるよう指導する。

(1) 次の運動の楽しさや喜びを味わい，その行い方を理解するとともに，その技能を身に付けること。

ア クロールでは，手や足の動きに呼吸を合わせて続けて長く泳ぐこと。

イ 平泳ぎでは，手や足の動きに呼吸を合わせて続けて長く泳ぐこと。

ウ 安全確保につながる運動では，背浮きや浮き沈みをしながら続けて長く浮くこと。

(2) 自己の能力に適した課題の解決の仕方や記録への挑戦の仕方を工夫する

とともに，自己や仲間の考えたことを他者に伝えること。

(3) 運動に積極的に取り組み，約束を守り助け合って運動をしたり，仲間の考えや取組を認めたり，水泳運動の心得を守って安全に気を配ったりすること。

E ボール運動

ボール運動について，次の事項を身に付けることができるよう指導する。

(1) 次の運動の楽しさや喜びを味わい，その行い方を解するとともに，その技能を身に付け，簡易化されたゲームをすること。

ア ゴール型では，ボール操作とボールを持たないとの動きによって，簡易化されたゲームをすること。

イ ネット型では，個人やチームによる攻撃と守備によって，簡易化されたゲームをすること。

ウ ベースボール型では，ボールを打つ攻撃と隊形をとった守備によって，簡易化されたゲームをすること。

(2) ルールを工夫したり，自己やチームの特徴に応じた作戦を選んだりするとともに，自己や仲間の考えたことを他者に伝えること。

(3) 運動に積極的に取り組み，ルールを守り助け合って運動をしたり，勝敗を受け入れたり，仲間の考えや取組を認めたり，場や用具の安全に気を配ったりすること。

F 表現運動

表現運動について，次の事項を身に付けることができるよう指導する。

(1) 次の運動の楽しさや喜びを味わい，その行い方を理解するとともに，表したい感じを表現したり踊りで交流したりすること。

ア 表現では，いろいろな題材からそれらの主な特徴を捉え，表したい感じをひと流れの動きで即興的に踊ったり，簡単なひとまとまりの動きにして踊ったりすること。

イ フォークダンスでは，日本の民踊や外国の踊りから，それらの踊り方の特徴を捉え，音楽に合わせて簡単なステップや動きで踊ること。

(2) 自己やグループの課題の解決に向けて，表したい内容や踊りの特徴を捉えた練習や発表・交流の仕方を工夫するとともに，自己や仲間の考えたことを他者に伝えること。

(3) 運動に積極的に取り組み，互いのよさを認め合い助け合って踊ったり，場の安全に気を配ったりすること。

G　保健

(1) 心の健康について，課題を見付け，その解決を目指した活動を通して，次の事項を身に付けることができるよう指導する。

ア　心の発達及び不安や悩みへの対処について理解するとともに，簡単な対処をすること。

(ア)　心は，いろいろな生活経験を通して，年齢に伴って発達すること。

(イ)　心と体には，密接な関係があること。

(ウ)　不安や悩みへの対処には，大人や友達に相談する，仲間と遊ぶ，運動をするなどいろいろな方法があること。

イ　心の健康について，課題を見付け，その解決に向けて思考し判断するとともに，それらを表現すること。

(2) けがの防止について，課題を見付け，その解決を目指した活動を通して，次の事項を身に付けることができるよう指導する。

ア　けがの防止に関する次の事項を理解するとともに，けがなどの簡単な手当をすること。

(ア)　交通事故や身の回りの生活の危険が原因となって起こるけがの防止には，周囲の危険に気付くこと，的確な判断の下に安全に行動すること，環境を安全に整えることが必要であること。

(イ)　けがなどの簡単な手当は，速やかに行う必要があること。

イ　けがを防止するために，危険の予測や回避の方法を考え，それらを表現すること。

(3) 病気の予防について，課題を見付け，その解決を目指した活動を通して，次の事項を身に付けることができるよう指導する。

ア　病気の予防について理解すること。

(ア)　病気は，病原体，体の抵抗力，生活行動，環境が関わりあって起こること。

(イ)　病原体が主な要因となって起こる病気の予防には，病原体が体に入るのを防ぐことや病原体に対する体の抵抗力を高めることが必要であること。

(ウ)　生活習慣病など生活行動が主な要因となって起こる病気の予防には，適切な運動，栄養の偏りのない食事をとること，口腔くうの衛生を保つことなど，望ましい生活習慣を身に付ける必要があること。

(エ)　喫煙，飲酒，薬物乱用などの行為は，健康を損なう原因となること。

(オ)　地域では，保健に関わる様々な活動が行われていること。

イ　病気を予防するために，課題を見付け，その解決に向けて思考し判断するとともに，それらを表現すること。

幼稚園教育要領（抄）

平成 29 年 3 月　文部科学省

第2章　ねらい及び内容

表　現

〔感じたことや考えたことを自分なりに表現することを通して，豊かな感性や表現する力を養い，創造性を豊かにする。〕

1　ねらい

(1) いろいろなものの美しさなどに対する豊かな感性をもつ。

(2) 感じたことや考えたことを自分なりに表現して楽しむ。

(3) 生活の中でイメージを豊かにし，様々な表現を楽しむ。

2　内　容

(1) 生活の中で様々な音，形，色，手触り，動きなどに気付いたり，感じたりするなどして楽しむ。

(2) 生活の中で美しいものや心を動かす出来事に触れ，イメージを豊かにする。

(3) 様々な出来事の中で，感動したことを伝え合う楽しさを味わう。

(4) 感じたこと，考えたことなどを音や動きなどで表現したり，自由にかいたり，つくったりなどする。

(5) いろいろな素材に親しみ，工夫して遊ぶ。

(6) 音楽に親しみ，歌を歌ったり，簡単なリズム楽器を使ったりなどする楽しさを味わう。

(7) かいたり，つくったりすることを楽しみ，遊びに使ったり，飾ったりなどする。

(8) 自分のイメージを動きや言葉などで表現したり，演じて遊んだりするなどの楽しさを味わう。

3　内容の取扱い

上記の取扱いに当たっては，次の事項に留意する必要がある。

(1) 豊かな感性は，身近な環境と十分に関わる中で美しいもの，優れたもの，心を動かす出来事などに出会い，そこから得た感動を他の幼児や教師と共有し，様々に表現することなどを通して養われるようにすること。その際，風の音や雨の音，身近にある草や花の形や色など自然の中にある音，形，色などに気付くようにすること。

(2) 幼児の自己表現は素朴な形で行われることが多いので，教師はそのような表現を受容し，幼児自身の表現しようとする意欲を受け止めて，幼児が生活の中で幼児らしい様々な表現を楽しむことができるようにすること。

(3) 生活経験や発達に応じ，自ら様々な表現を楽しみ，表現する意欲を十分に発揮させることができるように，遊具や用具などを整えたり，様々な素材や表現の仕方に親しんだり，他の幼児の表現に触れられるよう配慮したりし，表現する過程を大切にして自己表現を楽しめるように工夫すること。

保育所保育指針（抄）

（平成 29 年 3 月　厚生労働省）

2　1歳以上3歳未満児の保育に関わるねらい及び内容

(2) ねらい及び内容

オ　表　現

感じたことや考えたことを自分なりに表現することを通して，豊かな感性や表現する力を養い，創造性を豊かにする。

(ア) ねらい

① 身体の諸感覚の経験を豊かにし，様々な感覚を味わう。

② 感じたことや考えたことなどを自分なりに表現しようとする。

③ 生活や遊びの様々な体験を通して，イメージや感性が豊かになる。

（イ）内　容
① 水，砂，土，紙，粘土など様々な素材に触れて楽しむ。
② 音楽，リズムやそれに合わせた体の動きを楽しむ。
③ 生活の中で様々な音，形，色，手触り，動き，味，香りなどに気付いたり，感じたりして楽しむ。
④ 歌を歌ったり，簡単な手遊びや全身を使う遊びを楽しんだりする。
⑤ 保育士等からの話や，生活や遊びの中での出来事を通して，イメージを豊かにする。
⑥ 生活や遊びの中で，興味のあることや経験したことなどを自分なりに表現する。
（ウ）内容の取扱い
　　上記の取扱いに当たっては，次の事項に留意する必要がある。
① 子どもの表現は，遊びや生活の様々な場面で表出されているものであることから，それらを積極的に受け止め，様々な表現の仕方や感性を豊かにする経験となるようにすること。
② 子どもが試行錯誤しながら様々な表現を楽しむことや，自分の力でやり遂げる充実感などに気付くよう，温かく見守るとともに，適切な援助を行うようにすること。
③ 様々な感情の表現等を通じて，子どもが自分の感情や気持ちに気付くようになる時期であることに鑑み，受容的な関わりの中で自信をもって表現をすることや，諦めずに続けた後の達成感等を感じられるような経験が蓄積されるようにすること。
④ 身近な自然や身の回りの事物に関わる中で，発見や心が動く経験が得られるよう，諸感覚を働かせることを楽しむ遊びや素材を用意するなど保育の環境を整えること。
（3）保育の実施に関わる配慮事項
ア　特に感染症にかかりやすい時期であるので，体の状態，機嫌，食欲などの日常の状態の観察を十分に行うとともに，適切な判断に基づく保健的な対応を心がけること。
イ　探索活動が十分できるように，事故防止に努めながら活動しやすい環境を整え，全身を使う遊びなど様々な遊びを取り入れること。
ウ　自我が形成され，子どもが自分の感情や気持ちに気付くようになる重要な時期であることに鑑み，情緒の安定を図りながら，子どもの自発的な活動を尊重するとともに促していくこと。
エ　担当の保育士が替わる場合には，子どものそれまでの経験や発達過程に留意し，職員間で協力して対応すること。

3　3歳以上児の保育に関するねらい及び内容
（2）ねらい及び内容
オ　表　現
感じたことや考えたことを自分なりに表現することを通して，豊かな感性や表現する力を養い，創造性を豊かにする。
（ア）ねらい
① いろいろなものの美しさなどに対する豊かな感性をもつ。
② 感じたことや考えたことを自分なりに表現して楽しむ。
③ 生活の中でイメージを豊かにし，様々な表現を楽しむ。
（イ）内　容
① 生活の中で様々な音，形，色，手触り，動きなどに気付いたり，感じたりするなどして楽しむ。
② 生活の中で美しいものや心を動かす出来事に触れ，イメージを豊かにする。
③ 様々な出来事の中で，感動したことを伝え合う楽しさを味

わう。
④ 感じたこと，考えたことなどを音や動きなどで表現したり，自由にかいたり，つくったりなどする。
⑤ いろいろな素材に親しみ，工夫して遊ぶ。
⑥ 音楽に親しみ，歌を歌ったり，簡単なリズム楽器を使ったりなどする楽しさを味わう。
⑦ かいたり，つくったりすることを楽しみ，遊びに使ったり，飾ったりなどする。
⑧ 自分のイメージを動きや言葉などで表現したり，演じて遊んだりするなどの楽しさを味わう。
（ウ）内容の取扱い
　　上記の取扱いに当たっては，次の事項に留意する必要がある。
① 豊かな感性は，身近な環境と十分に関わる中で美しいもの，優れたもの，心を動かす出来事などに出会い，そこから得た感動を他の子どもや保育士等と共有し，様々に表現することなどを通して養われるようにすること。その際，風の音や雨の音，身近にある草や花の形や色など自然の中にある音，形，色などに気付くようにすること。
② 子どもの自己表現は素朴な形で行われることが多いので，保育士等はそのような表現を受容し，子ども自身の表現しようとする意欲を受け止めて，子どもが生活の中で子どもらしい様々な表現を楽しむことができるようにすること。
③ 生活経験や発達に応じ，自ら様々な表現を楽しみ，表現する意欲を十分に発揮させることができるように，遊具や用具などを整えたり，様々な素材や表現の仕方に親しんだり，他の子どもの表現に触れられるよう配慮したりし，表現する過程を大切にして自己表現を楽しめるように工夫すること。
（3）保育の実施に関わる配慮事項
ア　第1章の4の（2）に示す「幼児期の終わりまでに育ってほしい姿」が，ねらい及び内容に基づく活動全体を通して資質・能力が育まれている子どもの小学校就学時の具体的な姿であることを踏まえ，指導を行う際には適宜考慮すること。
イ　子どもの発達や成長の援助をねらいとした活動の時間については，意識的に保育の計画等において位置付けて，実施することが重要であること。なお，そのような活動の時間については，保護者の就労状況等に応じて子どもが保育所で過ごす時間がそれぞれ異なることに留意して設定すること。
ウ　特に必要な場合には，各領域に示すねらいの趣旨に基づいて，具体的な内容を工夫し，それを加えても差し支えないが，その場合には，それが第1章の1に示す保育所保育に関する基本原則を逸脱しないよう慎重に配慮する必要があること。

4　保育の実施に関して留意すべき事項
（1）保育全般に関わる配慮事項
ア　子どもの心身の発達及び活動の実態などの個人差を踏まえるとともに，一人一人の子どもの気持ちを受け止め，援助すること。
イ　子どもの健康は，生理的・身体的な育ちとともに，自主性や社会性，豊かな感性の育ちとがあいまってもたらされることに留意すること。
ウ　子どもが自ら周囲に働きかけ，試行錯誤しつつ自分の力で行う活動を見守りながら，適切に援助すること。
エ　子どもの入所時の保育に当たっては，できるだけ個別的に対応し，子どもが安定感を得て，次第に保育所の生活になじんでいくようにするとともに，既に入所している子どもに不安や

動揺を与えないようにすること。

オ 子どもの国籍や文化の違いを認め，互いに尊重する心を育てるようにすること。

カ 子どもの性差や個人差にも留意しつつ，性別などによる固定的な意識を植え付けることがないようにすること。

(2) 小学校との連携

ア 保育所においては，保育所保育が，小学校以降の生活や学習の基盤の育成につながることに配慮し，幼児期にふさわしい生活を通じて，創造的な思考や主体的な生活態度などの基礎を培うようにすること。

イ 保育所保育において育まれた資質・能力を踏まえ，小学校教育が円滑に行われるよう，小学校教師との意見交換や合同の研究の機会などを設け，第1章の4の(2)に示す「幼児期の終わりまでに育って欲しい姿」を共有するなど連携を図り，保育所保育と小学校教育との円滑な接続を図るよう努めること。

ウ 子どもに関する情報共有に関して，保育所に入所している子どもの就学に際し，市町村の支援の下に，子どもの育ちを支えるための資料が保育所から小学校へ送付されるようにすること。

(3) 家庭及び地域社会との連携

子どもの生活の連続性を踏まえ，家庭及び地域社会と連携して保育が展開されるよう配慮すること。その際，家庭や地域の機関及び団体の協力を得て，地域の自然，高齢者や異年齢の子ども等を含む人材，行事，施設等の地域の資源を積極的に活用し，豊かな生活体験をはじめ保育内容の充実が図られるよう配慮すること。

幼保連携型認定こども園教育・保育要領(抄)

第2章 ねらい及び内容並びに配慮事項

第2 満1歳以上満3歳未満の園児の保育に関するねらい及び内容

表 現

〔感じたことや考えたことを自分なりに表現することを通して，豊かな感性や表現する力を養い，創造性を豊かにする。〕

1 ねらい

(1) 身体の諸感覚の経験を豊かにし，様々な感覚を味わう。

(2) 感じたことや考えたことなどを自分なりに表現しようとする。

(3) 生活や遊びの様々な体験を通して，イメージや感性が豊かになる。

2 内 容

(1) 水，砂，土，紙，粘土など様々な素材に触れて楽しむ。

(2) 音楽，リズムやそれに合わせた体の動きを楽しむ。

(3) 生活の中で様々な音，形，色，手触り，動き，味，香りなどに気付いたり，感じたりして楽しむ。

(4) 歌を歌ったり，簡単な手遊びや全身を使う遊びを楽しんだりする。

(5) 保育教諭等からの話や，生活や遊びの中での出来事を通して，イメージを豊かにする。

(6) 生活や遊びの中で，興味のあることや経験したことなどを自分なりに表現する。

3 内容の取扱い

上記の取扱いに当たっては，次の事項に留意する必要がある。

(1) 園児の表現は，遊びや生活の様々な場面で表出されているものであることから，それらを積極的に受け止め，様々な表現の仕方や感性を豊かにする経験となるようにすること。

(2) 園児が試行錯誤しながら様々な表現を楽しむことや，自分の力でやり遂げる充実感などに気付くよう，温かく見守るとともに，適切に援助を行うようにすること。

(3) 様々な感情の表現等を通じて，園児が自分の感情や気持ちに気付くようになる時期であることに鑑み，受容的な関わりの中で自信をもって表現をすることや，諦めずに続けた後の達成感等を感じられるような経験が蓄積されるようにすること。

(4) 身近な自然や身の回りの事物に関わる中で，発見や心が動く経験が得られるよう，諸感覚を働かせることを楽しむ遊びや素材を用意するなど保育の環境を整えること。

第3 満3歳以上の園児の教育及び保育に関するねらい及び内容

表 現

〔感じたことや考えたことを自分なりに表現することを通して，豊かな感性や表現する力を養い，創造性を豊かにする。〕

1 ねらい

(1) いろいろなものの美しさなどに対する豊かな感性をもつ。

(2) 感じたことや考えたことを自分なりに表現して楽しむ。

(3) 生活の中でイメージを豊かにし，様々な表現を楽しむ。

2 内 容

(1) 生活の中で様々な音，形，色，手触り，動きなどに気付いたり，感じたりするなどして楽しむ。

(2) 生活の中で美しいものや心を動かす出来事に触れ，イメージを豊かにする。

(3) 様々な出来事の中で，感動したことを伝え合う楽しさを味わう。

(4) 感じたこと，考えたことなどを音や動きなどで表現したり，自由にかいたり，つくったりなどする。

(5) いろいろな素材に親しみ，工夫して遊ぶ。

(6) 音楽に親しみ，歌を歌ったり，簡単なリズム楽器を使ったりなどする楽しさを味わう。

(7) かいたり，つくったりすることを楽しみ，遊びに使ったり，飾ったりなどする。

(8) 自分のイメージを動きや言葉などで表現したり，演じて遊んだりするなどの楽しさを味わう。

3 内容の取扱い

上記の取扱いに当たっては，次の事項に留意する必要がある。

(1) 豊かな感性は，身近な環境と十分に関わる中で美しいもの，優れたもの，心を動かす出来事などに出会い，そこから得た感動を他の園児や保育教諭等と共有し，様々に表現することなどを通して養われるようにすること。その際，風の音や雨の音，身近にある草や花の形や色など自然の中にある音，形，色などに気付くようにすること。

(2) 幼児期の自己表現は素朴な形で行われることが多いので，保育教諭等はそのような表現を受容し，園児自身の表現しようとする意欲を受け止めて，園児が生活の中で園児らしい様々な表現を楽しむことができるようにすること。

(3) 生活経験や発達に応じ，自ら様々な表現を楽しみ，表現する意欲を十分に発揮させることができるように，遊具や用具などを整えたり，様々な素材や表現の仕方に親しんだり，他の園児の表現に触れられるよう配慮したりし，表現する過程を大切にして自己表現を楽しめるように工夫すること。

参考資料②　影絵サンプル

　第４章４節の『仕掛けのある影絵遊び』の下図参考例です。「三匹の子豚」の子豚とおおかみの「正面図」と「側面図」を影絵用に作成しました。白い部分はカッター等で抜き取ります。点線部分をはさみで切って，上下十字にクロスさせます。面と面の間に５mm角の角棒をセロテープで留めて完成です。図を300％拡大コピーしてご使用ください。

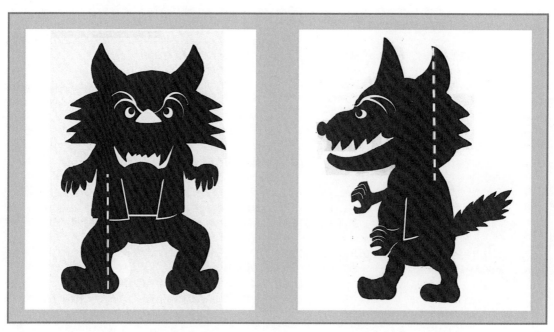

索　引

執筆者一覧 （五十音順　○は編集委員）

○赤津　純子　（前埼玉学園大学教授）　　　　　　　　　　　第1章第3節

○梅澤　実　　（前埼玉学園大学大学院教授研究科長）　　　　第3章第1節　第3節

○浦野　弘　　（埼玉学園大学大学院教授）　　　　　　　　　第3章第2節　はじめに

　笠井　かほる（埼玉学園大学教授）　　　　　　　　　　　　第1章第1節　第4章第4節

　坂田　知子　（埼玉学園大学准教授）　　　　　　　　　　　第4章第2節　第5章第1節

　寺田　己保子（埼玉学園大学准教授）　　　　　　　　　　　第4章第3節

　堀田　正央　（埼玉学園大学大学院教授研究科長 学部学科長）第1章第2節

　増南　太志　（埼玉学園大学大学院准教授）　　　　　　　　第2章

○森本　昭宏　（埼玉学園大学大学院教授）　　　　　　　　　第4章第1節　第5章第2節

絵：坂田陽斗　　（東京工芸大学芸術学部　学生）

（検印省略）

2020年9月25日　初版発行　　　　　　　　　　　　　　略称―表現

保育・教育のための

実践事例で理解する「表現」
―幼児期の終わりまでに育って欲しい10の姿―

編著者　梅　澤　　　実
　　　　森　本　昭　宏
発行者　塚　田　尚　寛

発行所　東京都文京区　　　　　　株式会社　創成社
　　　　春日2-13-1

　　　　電　話　03（3868）3867　　　ＦＡＸ　03（5802）6802
　　　　出版部　03（3868）3857　　　ＦＡＸ　03（5802）6801
　　　　http://www.books-sosei.com　　振　替　00150-9-191261

定価はカバーに表示してあります。

©2020 Minoru Umezawa, Akihiro Morimoto　　　　組版：ニシ工芸　印刷・製本：鳩
ISBN978-4-7944-8099-6 C3037
Printed in Japan　　　　　　　　　　　　　落丁・乱丁本はお取り替えいたします。

JASRAC 出 2007468 - 001